Franziska Pfeiffer

Ich in Bremen, du in Zürich

HERDER / SPEKTRUM

Band 4498

Das Buch

„Wochenendehe“, „Fernbeziehung“, „Liebe auf Distanz“, „Shuttle-Beziehung“, „Living apart together“ – es gibt viele Namen für ein Phänomen, das ein Markenzeichen unserer Zeit geworden ist. Wer sich liebt, lebt nicht unbedingt auch zusammen. Und von Tisch und Bett getrennt zu sein, hat nichts mit dem Scheitern einer Liebe zu tun. Doch die Suche nach einer Benennung zeigt schon: Auch der Umgang mit dieser neuen Lebensform ist noch voller Unsicherheiten, noch nicht erprobt.
Daß sich trennt, was sich liebt, das ist ein paradoxes Faktum. Es geschieht in manchen Fällen ganz bewußt, meist aber nicht freiwillig. Daß in der mobilen Gesellschaft die Herzen so oft auf Achse sind, hat meist auch Gründe, die jenseits der einzelnen liegen. Berufliches Fort*kommen* bedeutet häufig auch geographisch: Fort*gehen*. Und längst ist es nicht mehr selbstverständlich, daß die Frau dorthin geht, wo der Lebensgefährte hin will (oder muß). Beide haben eigene Pläne, eigene Karrieren, ihr eigenes soziales Umfeld. So trennt sich, was sich liebt – manchmal auf Zeit, manchmal für immer. – Ein spannendes Buch über ein aktuelles Phänomen.

Die Autorin

Franziska Pfeiffer, Jahrgang 1964, absolvierte nach dem Literaturwissenschafts-Studium in München die Hamburger Journalistenschule und arbeitet seitdem als Autorin für Zeitschriften und Bücher. Schwerpunktmäßig beschäftigt sie sich mit psychologischen und gesellschaftlichen Themen.

Franziska Pfeiffer

Ich in Bremen, du in Zürich

Wenn Paare, die sich lieben, getrennt leben – Erfahrungen und Tips

Herder

Freiburg · Basel · Wien

Gedruckt auf umweltfreundlichem,
chlorfrei gebleichtem Papier

Originalausgabe

Herstellung: Freiburger Graphische Betriebe 1996
Umschlaggestaltung: Joseph Pölzelbauer
Umschlagmotiv: © Mauritius Bildagentur
ISBN 3-451-04498-6

Inhalt

Teil II: Long-Distance-Liebe – Was sie stört und was sie beflügelt

Teil III: Tips und Tricks für die Liebe auf Distanz

Einleitung
Die Fernbeziehung – eine neue Lebensform

Ein letzter Kuß, eine lange Umarmung, am Sonntagabend heißt es wieder Abschiednehmen: Tschüß, mein Schatz, bis nächsten Samstag. Das Paar am Bahnsteig hat schon Routine mit diesem Ritual. Es rollen keine Tränen mehr. Die beiden sind ein „Shuttle-Paar", wie die Amerikaner es nennen. Long-Distance-Liebende, zwei Menschen mit einer Wochenend-Beziehung. Sie sind zusammen, aber sie leben getrennt, weil sie in verschiedenen Orten arbeiten müssen. Jeder hat seine Wohnung, seine Stadt, seinen Arbeitsplatz. Nur die Wochenenden haben sie gemeinsam.

Die beiden leben wie Millionen andere Paare inzwischen auch. Dreizehn Prozent aller Lebensgemeinschaften, so ergab eine Umfrage der Gesellschaft für rationelle Psychologie im Auftrag der Zeitschrift „Elle", haben heute getrennte Wohnsitze. Im Rahmen einer Studie, die das Institut für Personalwesen und Arbeitswissenschaft (IPA) der Hamburger Universität der Bundeswehr über Doppel-Karriere-Paare durchführte, nannte bereits ein Viertel aller Befragten Mobilitätsprobleme. Die Zahl der Pendel-Partnerschaften hat sich in den letzten zehn Jahren verdoppelt. Und es werden immer mehr.

Die „Liebe auf Distanz" wird zunehmend zu einer etablierten Lebensform, auch wenn sie für die meisten anfangs nur als Übergang gedacht ist. Eine Gesellschaft, in der berufliches Fortkommen (immer häufiger auch berufliches Überleben) mit Mobilität einhergeht, verlangt mehr Flexibilität auch im Privaten. Frauen mit eigener qualifizierter Ausbildung sind heute nicht mehr ohne weiteres bereit, dem Partner zuliebe ihre Stelle aufzugeben und ihm „nachzuziehen", wie es noch in der Generation der Eltern gängig war. So bleibt vielen Paaren nur die räumliche Trennung.

Seit Arbeitsplätze auf Lebenszeit zur Ausnahme geworden sind, fragen sich auch viele (noch) zusammenlebende Paare: Was wäre, wenn einer gehen müßte? Welche praktischen Möglichkeiten haben wir? Wie kann die Liebe die Distanz überleben? Solche Gedanken sind keineswegs in einer utopischen Zukunft anzusiedeln. „Das traditionelle Familienbild des männlichen Brotverdieners ist bereits ein Familienbild der Vergangenheit. Seine sozialen und gesellschaftlichen Entstehungsgrundlagen entsprechen nicht mehr den heutigen", heißt es beim Institut für Personalwesen und Arbeitswissenschaft. Amerikanischen Schätzungen zufolge wird schon im Jahr 2000 mehr als die Hälfte aller Familien aus Doppelverdienern bestehen, die sich den Problemen stellen müssen, die aus Doppelkarrieren entstehen.

In diesem Buch kommen Paare zu Wort, die sich trennen mußten oder wollten, die sich mit der Situation arrangiert haben oder noch auf der Suche nach einer Lösung sind. Es sind verheiratete und unverheiratete Paare, junge Leute, die ihre Freiheit noch genießen wollen, und ältere, die eine neue Freiheit suchen und sich von traditionellen Lebensformen abwenden, weil sie sie als gescheitert erachten.

Im ersten Teil werden Paare vorgestellt, die aus verschiedenen Gründen eine Fernbeziehung eingegangen sind. Sie berichten aus unterschiedlichen Perspektiven – manches sind Momentaufnahmen, manches Rückblicke, manchmal werden Situationen beschrieben, die ein paar Wochen später schon wieder der Vergangenheit angehörten. Meistens waren es die Frauen, die für dieses Buch über ihre Beziehung reden wollten – am liebsten immer in der Zeit, in der der Partner nicht da war, was ein typisches Phänomen für die Fernbeziehung ist. Die „gemeinsame Zeit" erschien ihnen zu „wertvoll", um sie mit Interview-Terminen zu füllen; in der Phase des Alleinseins war ein solches Treffen eine willkommene Abwechslung. So erklärt sich auch, daß die meisten Berichte subjektiv aus der Sicht einer Person wiedergegeben sind.

Es ging in den Gesprächen nicht darum, vollständige Beziehungs-Biographien zu protokollieren, sondern unter bestimmten Themen zusammengefaßte Schwerpunkte zu bilden. Auf Wunsch meiner Interviewpartner und -partnerinnen habe ich Namens-, Berufs- oder Altersangaben geändert, so daß niemand wiedererkannt werden kann. Das war im ersten Teil vor allem wichtig, wenn es um die Bewertung der eigenen Berufs-Situation oder der des Partners ging. Aussagen wie „Wenn ich könnte, würde ich kündigen" oder „Sobald mein Mann etwas Neues findet, hört er bei seiner Firma auf" macht verständlicherweise niemand gerne öffentlich.

Der zweite Teil handelt unter dreizehn Stichworten von den Besonderheiten einer „Shuttle"-Beziehung, wie sie alle Betroffenen kennen, aber unterschiedlich erleben. Im dritten Teil geht es darum, wie man die Problematik einer Fernbeziehung entschärfen kann – sowohl praktisch (zum Beispiel, wie man Steuern oder Fahrtkosten spart) als auch theoretisch (zum Beispiel, worauf ein Paar – aus psychologischer Sicht – achten sollte, wenn es sich auf eine Fernbeziehung einläßt).

In diesen beiden Teilen kommen einige meiner Interviewpartner aus dem ersten Teil noch einmal zu Wort, und zwar noch weitergehend anonymisiert. Über Themen wie zum Beispiel „Treue" wollten die, die es überhaupt zum Thema machten, nur sprechen, wenn sie sicher waren, daß niemand sie erkennen kann. So ist der oder die Erzählende in der Regel „ein Betroffener" oder „eine Frau mit Fernbeziehung". Wenn es für den Zusammenhang von Bedeutung war, wurden Alters-, Orts- oder Berufsangaben gemacht, die den echten ähneln.

Wie leben Frauen und Männer, die eine Fernbeziehung eingegangen sind? Wie kommen sie mit der Pendler-Partnerschaft zurecht? Was beglückt und was bedrückt sie? Wie kann man die Situation erleichtern, ihr vielleicht sogar Vorteile abgewinnen? Laufen „Shuttles" Gefahr, bindungsunfähige Egoisten zu werden? Oder sind sie gesunde Pragmatiker? Sind sie glückliche Alltags-Singles mit Wochenend-Anschluß oder traurige Karrierekinder, die die Liebe verlieren, um im Beruf zu gewinnen? Beziehungs-Aristokraten oder frustrierte „Fernfahrer für die Liebe"? Es geht bei den vielen verschiedenen Aspekten dieses Buches immer wieder um die Frage: Ist eine Fernbeziehung nur Schicksal, oder stecken darin ungeahnte Chancen?

Teil I
Paare und Perspektiven

1. Kapitel
Standfest im Job, Nomaden für die Liebe

Freitag abend. Flughafen München. Die Maschine aus Hamburg ist pünktlich gelandet und hat Carola in eine andere Welt gebracht. Wieder einmal – wie fast jedes zweite Wochenende – hat sie Büro und Beruf hinter sich gelassen, um in ihr Privatleben zu fliegen. In München lebt und arbeitet ihr Freund Thomas, Journalist, seit einem halben Jahr Ressortleiter. Die beiden sehen sich, wenn ihre Berufe es zulassen, jedes Wochenende. Mal fliegt er „hoch", mal kommt sie „herunter".

Müde läuft Carola durch den Flughafen. Sie muß nicht mehr zum Gepäckband. Sie hat nur eine Handtasche bei sich. Kleidung, die sie braucht, zieht sie schon für die Fahrt an. So kann sie Gepäck sparen. Sie versucht alles zu vermeiden, was die Reise erschwert. Sie muß jetzt schnell in die S-Bahn. Umsteigen am Marienplatz, mit der U-Bahn zur Universität, und von dort wird sie das letzte Stück laufen. Ein Taxi lohnt nicht mehr, und es wäre auf die Dauer auch zu teuer. Früher holte Thomas sie noch regelmäßig vom Flughafen ab. Doch das ist lange her. Nur in der ersten Phase der Verliebtheit haben die beiden das Abholritual kultiviert: Wenn der eine kam, stand der andere mit Blumen am Gate.

Doch seit Thomas aufgestiegen ist, hat er keinen Gleitzeit-Freitag mehr. Carola hat sich gefügt, nutzt jetzt seine Arbeitszeit schon für ihre Anreise, um so möglichst viel gemeinsame Zeit zu gewinnen. Den Schlüssel zu seiner Wohnung hat sie immer bei sich. In der Küche türmt sich das Geschirr von einer Woche. Carola rührt es nicht an. Früher hat sie das noch gemacht, hat sich für seinen Haushalt verantwortlich gefühlt. Doch er wollte das nicht. Eigentlich ist sie auch ganz froh darüber. Endlich die Beine hochlegen, sich ausruhen von der Arbeitswoche und der Anreise.

Gegen acht Uhr kommt Thomas nach Hause. Er ist genauso müde, aber aufgekratzt. Meistens liegen die beiden dann erst einmal auf dem Sofa, machen den Fernseher an und sind glücklich, daß der andere da ist. „Freitagabend ist unsere Lieblingszeit", sagt Carola. Dann haben sie sich wieder, sind voller Enthusiasmus. Ein Wochenende liegt noch vor ihnen, die Zeit zu zweit hat gerade erst begonnen.

Samstag werden sie einkaufen gehen. Bummeln, Cappuccino trinken. Keine Versorgungskäufe. Nur das, was Spaß macht. Dann gehen sie essen, abends ins Kino und danach in Thomas' Wohnung. Sie treffen keine Freunde, wollen allein sein in ihrer knappen Zeit. Denn schon am Sonntag morgen ist das Glück getrübt.

Spätestens nach dem Frühstück kommt die Krise. Die beiden werden immer stiller. Nachmittags schleichen zwei traurige Gestalten Hand in Hand durch die Abflughalle. Jetzt heißt es wieder Abschiednehmen. Thomas wird nächste Woche die früheste Samstags-

Maschine nehmen, wenn nichts dazwischenkommt. Carola will nicht nach Hause. Der Kühlschrank ist leer, die Wohnung kalt. Erst Montag im Büro wird sie sich wieder wohlfühlen. Der Abschied fällt ihr schwer. Doch das will sie sich nicht anmerken lassen. Bitte keine Tränen. Wir sehen uns ja wieder. Spätestens am nächsten Samstag. Zwei Königskinder konnten wieder einmal nicht länger zusammenkommen. Die Entfernung ist viel zu weit.

Carola und Thomas sind die klassischen Vertreter der „Wochenendkiste". Ihre Berufe zwingen sie dazu. Eine Stelle wie seine jetzige würde Thomas in Hamburg nicht finden. Carola ist auf die Nähe zu ihrem Professor angewiesen. Umziehen kann sie frühestens in zwei Jahren, wenn ihr Vertrag ausläuft. So leben die beiden als „Shuttle-Paar" wie viele andere in ihrem Bekanntenkreis auch.

Es sind nicht die berühmten Seemannsbräute oder die Ehefrauen von Fernfahrern und Lokomotivführern, keine in der Heimat zurückgelassenen Alltags-Witwen, die auf ihre Wochenend-Männer warten. In Long-Distance-Beziehungen leben heute meist beruflich sehr erfolgreiche Menschen zwischen zwanzig und fünfzig Jahren, die aufgrund ihrer hochqualifizierten Stellen nicht ohne weiteres in die Stadt des Partners wechseln können oder wollen. Es sind häufig Wissenschaftler, Künstler, Politiker, Journalisten, Schauspieler, Architekten, Fotografen, auf bestimmte Gebiete spezialisierte Ingenieure, Studenten, höhere Beamte oder Soldaten, Mitarbeiter von Flug- oder Schiff-Fahrtsgesellschaften, Verlagen, Theatern und internationalen Firmen oder Freiberufler, die ihren Auftraggebern nachreisen müssen. Auch Mitarbeiter von internationalen Unternehmen mit Projekt-Organisation oder mit vielen dezentralen Tochterunternehmen sind häufig davon betroffen. „Arbeitslosigkeit und Akademikerschwemme wird die Zahl der Pendler zwischen Arbeitsplatz und Familie in den nächsten Jahren erheblich wachsen lassen", prophezeit der Fuldaer Arbeitswissenschaftler Erich Ott. „Soziologische und kulturelle Faktoren wie veränderte Werte- und Rollenverständnisse führen im Zusammenspiel mit wirtschaftlichen Internationalisierungs- und Dezentralisierungs-Strategien dazu, daß es immer mehr Wochenend-Beziehungen geben wird", heißt es beim Hamburger Institut für Personalwesen und Arbeitswissenschaft.

Alle Betroffenen stehen irgendwann vor der Frage, ob ihnen ihr Beruf oder ihre Partnerschaft wichtiger ist. Weil man aber eine solche Entscheidung nicht rational treffen kann, versuchen die meisten erst einmal den Spagat: Sie arbeiten in der Stadt ihres Chefs und leben privat in der Stadt ihrer/s Liebsten. Oder sie nehmen sehr lange Fahrten in Kauf, um ihr Privat- und ihr Arbeitsleben miteinander zu verbinden. In Großstädten wie Hamburg lebt bereits jeder dritte Arbeitnehmer nicht mehr dort, wo er arbeitet. Einer Untersuchung des Landesarbeitsamtes zufolge pendeln knapp 250000 Arbeitnehmer täglich oder wöchentlich aus Schleswig-Holstein, Niedersachsen, Bremen und Mecklenburg-Vorpommern in die Hansestadt zur Arbeit. Obwohl die Zahl der Beschäftigten in den letzten Jahren ständig zurückging, steigt die der Pendler weiter an.

Die schlechte wirtschaftliche Situation, immer weniger Arbeitsplätze für hochqualifizierte Kräfte, die zunehmende Berufstätigkeit von Frauen in Führungspositionen und die von der Wirtschaft geforderte Flexibilität tragen dazu bei, daß immer mehr Paare ihre Wohnsitze trennen beziehungsweise wechseln müssen.

Eine regelrechte Berufs-Reisewelle gen Osten löste die Maueröffnung in Deutschland aus. Unzählige West-Firmen schickten ihre Mitarbeiter zur „Aufbauarbeit" in die neuen Bundesländer. Weil aber die wenigsten sich dort sofort mit Anhang niederlassen wollten und weil viele Verträge zeitlich begrenzt waren, blieben die Lebenspartner meistens im Westen zurück. Die Firmen bezahlten die doppelten Wohnsitze, und die Heimreisen und sicherten den freiwilligen „Pionieren" ihren Arbeitsplatz in der Heimat. Für viele Paare war das eine Gelegenheit, einmal eine Distanz-Beziehung auszuprobieren, ohne ein größeres Risiko einzugehen. Man konnte ja jederzeit zurückkehren. Auch im Osten blieben – vor allem – Frauen zurück, deren Männer in der Heimat ihre Stelle verloren hatten und im Westen ihre einzige Chance sahen.

Wie den Ost- und West-„Witwen" mit ihren Partnern, so bleibt auch zahlreichen anderen Paaren meistens aus beruflichen Gründen gar nichts anderes übrig, als eine „Shuttle"-Beziehung einzugehen. Sie müssen sich entscheiden, welche Form der Distanz-Beziehung sie wählen wollen: Wer bleibt? Wer geht?

Wer besucht wann wen? Was wird die Reiserei kosten? Wollen wir uns einen gemeinsamen, größeren Wohnsitz erhalten oder zwei kleine neue suchen?

„Wenigstens auf Probe", trösten viele sich über die anfänglichen Zweifel hinweg. Manchmal wird dabei die Probezeit immer wieder verlängert, aus Monaten werden Jahre. Manche Beziehungen scheitern an der Entfernung, manche überleben sie. Und manchmal entdeckt das Paar in ihr bis dahin ungeahnte Reize.

Die Nomaden für die Liebe werden auf harte Proben gestellt: Sie investieren Zeit, Geld und Geduld. Sie müssen immer wieder warten – auf Bahnsteigen, Rastplätzen und Flughäfen, in langen einsamen Nächten und morgens allein am Frühstückstisch. Sie leben auf Augenblicke hin, die viel zu schnell vergehen. Zeit ist für sie eine andere Erfahrung. Sie kennen Wartezeit und gemeinsame Zeit, Tage und Stunden, die ihnen verloren erscheinen, wenn sie sie nicht zu schätzen wissen. Was ihnen fehlt, ist die „ganz normale Zeit", der Alltag zu zweit. Sie weinen beim Abschied und denken schon bei der Ankunft mit Schrekken ans Ende. Bei langen Liebeserklärungen zählt die Telekom die Einheiten.

In der Woche schlafen sie allein. Sie bewohnen Single-Appartements wie Studenten, obwohl sie eigentlich gut verdienende Double-Incomes sind, denn ihr Geld geht gleich an die Bundesbahn oder fürs Benzin drauf. Sie träumen von einer großen Familie und sind schon Alleinerziehende, wenn der Mutterschutz zu Ende geht. Zum Hochzeitstag kommt der Fleurop-

Bote. Im Alltag bleiben Bett und Küche kalt. „Shuttles" leben mit der Angst vor Untreue, und sie haben nichts in der Hand als Vertrauen.

Nach außen umgibt sie ein Hauch von Hollywood. Jet-Set-Liebe wie bei den Stars. First-Class-Beziehung für die, die es sich leisten können. Heute bei mir, morgen bei dir – unterwegs über den Wolken. Zusammen im siebten Himmel. Übers Socken-Wegräumen und Mülleimer-Ausleeren scheinen die „Shuttles" erhaben.

Im Berufsalltag genießen sie die Freiheit. Von Montag bis Freitag können sie uneingeschränkt Karriere machen, Überstunden sammeln, ohne daß zuhause jemand sitzt und nörgelt. Sie müssen keine Erklärungen abgeben und nicht den Kühlschrank füllen. Sie sind frei wie ein Single, aber nicht einsam. Verheiratete „Shuttles" können das Finanzamt an den Kosten für ihre Liebe beteiligen. Sie haben keine Angst vor Feiertagen, denn für sie sind das Festtage. Sie haben jemanden für den Urlaub, der seinen Koffer selbst packt.

Beide Partner leben selbständig – mit eigenem Konto und eigener Wohnung immer auf eigene Verantwortung. „Shuttles" schlagen sich im Alltag allein durchs Leben, haben einen eigenen Freundes- und Bekanntenkreis.

Sie stehen ständig unter Erfolgsdruck – beruflich und privat. Denn das, was sie tun, machen sie mit Ehrgeiz und Leidenschaft, häufig sind sie Perfektionisten. Ihre Ansprüche an sich selbst sind genauso hoch wie an den Partner.

Häufig sehnen sie sich jahrelang danach, endlich

zusammenzukommen, und wenn es dann soweit ist, kommt die Enttäuschung, weil beide in der langen Zeit der Trennung weniger kompromißbereit geworden sind, weil sie sich „alles ganz anders" vorgestellt haben, wie es eine Frau berichtet, die nach fünf Jahren Fernbeziehung eine Stelle in der Stadt ihres Mannes fand und dort hinzog.

Long-Distance-Liebende müssen Leidenschaft auf Kommando entwickeln können. Denn da sie nicht viel Zeit haben, gibt es kein Aufschieben. Jetzt – oder zwei Wochen nicht. Viele empfinden das als sehr problematisch. „Wir sind nicht so ein Salz-auf-unserer-Haut-Paar, das sich sieht, und schon geht's los. Wir brauchen immer ein bißchen Zeit, wollen erstmal reden, uns wieder aneinander gewöhnen. Wenn dann einer mal nicht will und wir das verschieben, ist schon wieder Sonntag. Es war nichts, wir sind beide frustriert. Es hat sich eben nicht ergeben", sagt eine Betroffene.

Es gibt viele Argumente für und gegen eine Fernbeziehung – sie gelten jedoch nie für alle. Was für den einen ein Vorteil ist, empfindet der andere als Nachteil und umgekehrt. Dennoch überwiegen – nach subjektiven Einschätzungen und den Erfahrungen der meisten Betroffenen – die Nachteile. Wer eine Wochenend-Beziehung führt, wird mehr bemitleidet als beneidet. Das getrennte Zusammensein hat kein allzu gutes Image. Und auch die Prognosen sind nicht gerade rosig: Mehr als die Hälfte aller Lebensgemeinschaften scheitert, wenn sich die Partner nur noch am Wochenende sehen können. Da ist es kein Wunder, daß die wenigsten diese Beziehungsform freiwillig wählen. Das ist aber auch kein zwingender Grund, sie nicht einzugehen. Denn auch „normale" Beziehungen scheitern – jede dritte Ehe wird heute wieder geschieden, in Großstädten schon jede zweite. Angesichts dieser Zahlen erscheint die Liebe auf Distanz durchaus „normal". Es gehört jedoch viel Mut, Reife, Selbstbewußtsein und Erfahrung dazu, sie erfolgreich zu leben. Ein Paar weicht von traditionellen Beziehungsformen ab und läßt sich auf ein riskantes Abenteuer ein.

Es hat dabei die große Chance, eine neue Form der Lebensgemeinschaft zu entdecken, eine Liebe um ihrer selbst willen zu leben, ohne sich den Zwängen eines gemeinsamen Hausstandes mit allen daraus resultierenden Abhängigkeiten zu unterwerfen. Liebeszauber ohne Alltagsstreß. Wer träumt nicht davon? Doch leider ist das für die meisten nur Theorie, ein modernes Märchen, das wenig zu tun hat mit der Realität, in der sie leben. Die meisten sind froh, wenn es ihnen gelingt, der Trennung etwas Positives abzugewinnen.

2. Kapitel
Personalpolitik und Partnerschaft

„Private Belange werden meistens ignoriert",

von Ariane Ladwig

Ariane Ladwig ist Diplom-Kauffrau. Sie arbeitet am Institut für Personalwesen und Arbeitswissenschaft (IPA) der Hamburger Universität der Bundeswehr. Das Thema ihrer Dissertation sind Paare, in denen beide Partner Karriere machen („Dual-Career Couples im Vierländer-Vergleich USA, England, Spanien, Deutschland").

Wie die jetzige Situation zeigt, sind viele Unternehmen noch weit davon entfernt, der Problematik von Doppelkarriere-Paaren, also auch Paaren mit Wochenend-Beziehungen, adäquat zu begegnen. Die privaten Probleme der Betroffenen werden in der Regel kaum beachtet. Sie werden nicht einmal als Quelle von betriebswirtschaftlichen Folgeproblemen erkannt. So gesehen ist dieser Lebensformwandel bis jetzt noch fast ohne Folgen – in Form von „Reaktion auf Veränderung der Gegebenheiten" – für die betriebliche Personalpolitik geblieben. So ergab zum Beispiel eine Studie der Personalberatung Baumgartner & Partner, daß sich von 100 befragten Unternehmen nur zehn Prozent bei einem langfristigen Auslandsaufenthalt eines Partners ernsthaft um die beruflichen Möglichkeiten des anderen Partners bemühten.[1]

Der Einfluß der Arbeit auf das Privatleben (Partnerschaft/Familie) und der Einfluß des Privatlebens auf die Arbeit ist in den letzten Jahren umfangreich erforscht worden. Dabei wurde eindeutig festgestellt, daß die Ignoranz der Unternehmen gegenüber persönlichen Belangen ihrer eigenen Mitarbeiter große Probleme zur Folge hat: zum Beispiel Motivationsabfall, Unzufriedenheit, Streß, unerwartete Kündigungen etc. Vor allem die plötzlichen Kündigungen sind letztendlich auch finanziell meßbar, nämlich als Verlust in Personalinvestitionen in den Mitarbeiter. So wird es für die Zukunft der Unternehmen und damit für die Personalpolitik aus wirtschaftlichen Gründen immer wichtiger, diese Zusammenhänge zu erkennen und aktives Karriere-Management bzw. Co-Management mit den Mitarbeitern zu betreiben. Das sollte nicht nur aus wirtschaftlichen Gründen geschehen. Ein Unternehmen kann auch durch eine Unternehmenskultur und -politik, die sich an gesellschaftlichen Werten orientiert, einen Wettbewerbsvorteil auf dem Arbeitsmarkt erreichen.[2]

In Amerika gibt es bereits Programme, mit denen Unternehmen die Karrieren ihrer Mitarbeiter und deren Partnern unterstützen können. „Jannotta, Bray & Associates" zum Beispiel ist eine Karrieremanagement- und -beratungs-Firma mit Sitz in Chicago, die ein Programm entwickelt hat, das den Zusammenhang zwischen dem Privatleben und der Karriere eines Paares transparent machen soll. Das Programm „Lifework Partners" wurde konzipiert, um einerseits Karriere-Paaren bei der Entwicklung einer gemeinsamen Lebensplanung und aufeinander abgestimmten Doppelkarrieren zu helfen und andererseits Unternehmen das Verständins für die Auswirkungen der Privatsphäre auf die Unternehmsbelange nahezubringen. Es soll somit die Wahrscheinlichkeit von überstürzten Kündigungen der Mitarbeiter reduzieren und generell die Kommunikation über Karriereziele – objektiviert und entschärft durch die Mittlerfunktion der Beratung – eröffnen.

In Deutschland gilt das weitgehend als Privatsache. Dabei gibt es durchaus Möglichkeiten, viele Probleme zu entschärfen, die Paaren mit Fernbeziehungen zwangsläufig entstehen. Zum Beispiel wird die Kommunikation durch die neuen Medien zunehmend einfacher, der Standort verliert an Bedeutung. Der ganze Bereich des „Tele-Working" wird Arbeit von festen Büro-Standorten in die Privat-Wohnung oder an andere frei gewählte Orte verlagern. Virtuelle Unternehmen werden entstehen. Auch Zeitflexibilisierung könnte einiges bringen. Durch Zeitmanagement wird die Arbeit effektiver gestaltet, so daß letztendlich im Interesse aller Beteiligten mehr Zeit für die Partnerschaft bleiben würde. Doch solche Überlegungen stoßen – aufgrund sehr starrer Strukturen – bei uns häufig auf Widerstand, obwohl viele große Unternehmen in der Lage wären, sie im Rahmen ihrer Personalentwicklungs-Arbeit umzusetzen. Kleinere Firmen könnten sicher mit externen Beratern etwas erreichen. Das Wichtigste erscheint mir, daß es den Unternehmen gelingt, die Probleme ihrer Mitarbeiter aufzugreifen und sie in ihre Überlegungen miteinzubeziehen.

Neue Lebens- beziehungsweise Familienformen wie die der Wochenend-Beziehung sind Ausdruck von sich wandelnden gesellschaftlichen Ziel- und Wertvorstellungen. Familien stehen als eine Gruppe der Gesellschaft im Wechselspiel mit Unternehmen als ökonomischem Part der Gesellschaft. Wenn sich ein Teil dieses Gefüges verändert, so wird der andere – mit zeitlicher Verzögerung – nachziehen. So ist es meines Erachtens nur konsequent, wenn sich Unternehmen dem veränderten Familien- und Berufsbild anpassen und sich mehr um die Partnerschaftsprobleme ihrer erfolgreichen Mitarbeiter kümmern, als es bisher der Fall ist. Das könnte dazu beitragen, daß die karrierebedingte Fernbeziehung eine Lebensform wird, die sich nicht nur „durchhalten" läßt, sondern bei der die Fragestellung nach der Machbarkeit irgendwann nicht mehr als relevant betrachtet werden muß.

Abgesehen von diesem mehr philosophischen, sehr langfristigen Zukunftsszenario hängt die Überlebens-Chance dieser Paarbeziehung vor allem davon ab, wievielen (wirklichen oder nur erdachten, selbst- und/oder fremdausgelösten) Hemmnissen die Partner gegenüberstehen. Daß es überhaupt „geht", dokumentieren viele Beispiele, die in zahlreichen Abhandlungen und Studien[3] untersucht wurden. Diese Paare haben sicherlich Vorbild- oder Vorreiterfunktion und liefern Anschauungsbeispiele, um das eigene (Wochenend-) Leben zu planen und zu meistern.

3. Kapitel
Wege, Umwege, Auswege

„Uns blieb nichts anderes übrig" – Wie eine unfreiwillige Distanz-Beziehung entsteht

„Ich habe nie geplant, eine Wochenendbeziehung zu haben. Als wir uns plötzlich entscheiden mußten, kannte ich das nur von Freunden. Ich fand es schrecklich, konnte mir nicht vorstellen, wie die das aushalten", berichtet Sabine, eine 38jährige Verwaltungsangestellte, die inzwischen selbst vierhundert Kilometer von ihrem Mann entfernt wohnt. Der Weg dahin ist wohl die klassische Wochenend-Beziehungs-Biographie.

Vor sechs Jahren, als die beiden eine Wohnung kauften, hatten sie noch Witze darüber gemacht: „Wenn Holger mal seinen Job verliert, muß ich hierbleiben und die Wohnung hüten" – so dachten sie nur spaßeshalber. Denn die Wohnung war für die beiden eine Art „Lebensinvestition". Sie hatten ein unausgebautes Dachgeschoß gekauft und es – genau ihren Bedürfnissen entsprechend – ausgebaut. Ein Verkauf kam für das Paar danach nicht mehr in Frage.

Eineinhalb Jahre später ging Holgers Firma pleite.

Bei der Konkurrenz, der einzigen Arbeits-Möglichkeit für ihn im Umkreis von dreihundert Kilometern, konnte er nicht anfangen. „Ich muß hier weg." Das stand für ihn fest. „Mit 40 Jahren noch einmal umschulen oder etwas ganz Neues machen, kam für mich nicht in Frage. Zumal ich mit irgendeinem Not-Job niemals an mein altes Gehalt herangekommen wäre", sagt Holger. Die Aussicht, möglicherweise lange Zeit arbeitslos zu sein, erschien ihm unerträglich. „Noch bevor wir alles durchdiskutiert hatten, war ich entschlossen, umzuziehen, sobald ich eine neue Stelle gefunden haben würde", sagt er.

Sabine konnte sich nicht so schnell mit dem Gedanken anfreunden, ihren Mann nur noch am Wochenende zu sehen. „Aber ich konnte ja auch nicht aus Solidarität mit ihm einfach so kündigen, um dann in einer anderen Stadt neu anzufangen", erzählt sie. Ein halbes Jahr verging mit Bewerbungen und Absagen. „Das war schlimm für uns beide. Trotzdem hatten wir Angst vor einer Zusage", erinnert Sabine sich. Noch waren sie zusammen. Noch konnten sie sich, wenn wieder einmal eine Absage kam, damit trösten, daß sie sich wenigstens noch nicht trennen mußten.

Beim ersten Bewerbungsgespräch wurde Holger gefragt, ob seine Frau mit umziehen würde, wenn er die Stelle bekäme. Holger berichtet: „Damals war ich noch ehrlich. Ich habe denen gesagt, daß wir gerade eine Wohnung gekauft hatten, daß Sabine in ihrem Job glücklich sei und wir uns im Falle einer Zusage wohl räumlich trennen müßten." Im nachhinein ist Holger sicher, daß er damit seine Chancen auf diesen Job verschlechtert hat: „Die guckten alle so besorgt. Nach dem Motto: ‚Wenn wir dem die Stelle geben, haben wir seine Ehe auf dem Gewissen'. Das wollte wohl keiner riskieren." Die Absage („...haben wir uns für einen anderen Bewerber entschieden") kam zwei Wochen später.

Beim nächsten Mal war Holger schlauer. Auch diesmal wollten die Verantwortlichen aus der Personalabteilung wissen, wie er sich seine Zukunft privat vorstelle. Diesmal sagte Holger, seine Frau werde sofort nachkommen, sobald er seine Probezeit beendet habe. „Damit die mir das glauben, habe ich sogar gesagt, sie sei Sekretärin und habe keine Probleme, überall einen Job zu finden." Ob das den Ausschlag gab oder nicht, wird er wohl nie erfahren. Auf jeden Fall bekam er den Posten.

„Erst einmal waren wir natürlich froh, daß er überhaupt wieder eine Perspektive hatte", berichtet Sabine. Denn die Arbeitslosigkeit hatte sein Selbstbewußtsein ziemlich angeknackst. Nachdem er den Vertrag unterschrieben hatte, gingen „unsere logistischen Überlegungen" los, erzählt Holger. Sollten sie ihre Wohnung als gemeinsames Zuhause halten? Sollten sie eine neue suchen, die zwischen beiden Arbeitsplätzen liegt, und die eigene Wohnung vermieten? Oder sollte Sabine bleiben und er in der neuen Stadt eine neue Wohnung suchen?

Ein gemeinsames Zuhause in der Mitte der Arbeitsplätze erschien dem Paar als ungünstigste Lösung. Beide hätten mit Hin- und Rückfahrt jeden Tag zwei bis drei Stunden in der Bahn verbringen müssen.

Sie hätten, was den Freundeskreis angeht, ganz neu anfangen müssen. „Weil wir auch unbedingt unsere eigene Wohnung halten wollten, waren wir uns relativ schnell einig, daß Sabine dort bleiben würde", sagt Holger.

Für ihn hieß das Ausziehen. Die beiden fuhren in die neue Stadt, suchten Appartements in den Zeitungsanzeigen. Holger als „möblierter Herr" – es war eine komische Vorstellung für ihn, plötzlich wieder so zu leben, wie er es als Student getan hatte („Wir wollten auch nicht zuviel Geld dafür ausgeben, weil wir unsere Wohnung ja noch nicht abbezahlt hatten").

Während Sabine zuhause in ihrem alten Bekannten- und Freundeskreis blieb, hatte Holger größere Probleme, in seiner Freizeit allein zurechtzukommen. „Man lernt ja nicht mehr ohne weiteres Leute kennen, wie das als Student noch ging. Ich bin oft abends allein in meinem Zimmer und habe auch kaum Gelegenheit, neue Freunde kennenzulernen."

Bisher ist ein Ende der Fernbeziehung noch nicht in Sicht, obwohl Holger sich immer die Samstagszeitung aus seiner Arbeits-Stadt besorgt – in der Hoffnung, dort eine geeignete Stelle für Sabine zu finden. Dafür würden sie dann wohl auch die Wohnung aufgeben. Die beiden haben sich aber keine Frist gesetzt, zu der sie die „Shuttle-Beziehung" beenden wollen. Sie wissen nur: Es soll nicht allzu lange so gehen.

„Im nachhinein war es gar nicht so schlecht“ – Eine Fernbeziehung im Rückblick

Felicitas ist heute 35 Jahre alt und als Mutter von drei kleinen Kindern Hausfrau wider Willen, wie sie es betont. Als sie ihren Mann vor sechs Jahren heiratete, hatten die beiden drei Jahre Fernbeziehung hinter sich. Es war eine Zeit, die sie damals als traurige „Zwangsphase" erlebten. „Erst später, als diese Zeit vorbei war, habe ich gemerkt, daß da auch Chancen drin liegen. Chancen, die ich heute leider nicht mehr habe."

Nach dem Studium hatte Felicitas die Chance, sich von der „besseren Sekretärin" über die Assistentin „inoffiziell" bis zur stellvertretenden Geschäftsführerin emporzuarbeiten. „Ich wußte von Anfang an, daß ich das nur schaffen würde, wenn ich mich überdurchschnittlich einsetze", erzählt sie. Das bedeutete ständige Überstunden, Abendtermine und Dienstreisen. „Mit einer Familie oder einem Mann zuhause, der abends wartet und sauer ist, wenn ich nicht da bin, hätte ich das wohl nicht gemacht und wäre deshalb wahrscheinlich auch nicht so weit gekommen", meint sie rückblickend.

Auch ihr Mann nutzte die Zeit, um sich der Karriere zu widmen. Er betont: „Heute, wo ich Kinder habe, bin ich nicht mehr bereit, jeden Abend länger zu bleiben, am Wochenende nicht nach Hause zu kommen und den Kindern vielleicht einmal im Monat ein Gute-Nacht-Küßchen geben zu können." Mit seiner jetzigen Stellung ist er im großen und ganzen zufrieden, meint aber, daß er sicher weitergekommen wäre, wenn er auch weiterhin ein Alltags-Single geblieben wäre.

Felicitas glaubt, daß sie ohne die Wochenendbeziehung viel mehr Zeit für ihr Privatleben gebraucht hätte und beruflich automatisch kürzer getreten wäre. „Über diesen Zusammenhang war ich mir aber damals nicht im klaren", meint sie heute. „Es waren ein paar Jahre, wie ich sie wohl nie wieder in meinem Leben haben werde. Die Freiheit, die ich damals hatte, vermisse ich heute. Ich habe es einfach damals nicht zu schätzen gewußt, habe immer nur gedacht, ‚wann ist das endlich vorbei'."

Nach dem ersten Kind hat sie aufgehört zu arbeiten, ist in Erziehungsurlaub gegangen und hat kurz darauf zwei weitere Kinder bekommen. In den nächsten zehn Jahren wird sie wohl nicht mehr in ihren alten Beruf zurückkehren können, da dort die Devise gilt: ganztags oder gar nicht. „Ich kann es mir auch nicht vorstellen, mit drei Kindern berufstätig zu sein, auch wenn ich es mir häufig wünsche", berichtet Felicitas. Andererseits, sagt sie sich, hat sie sich Kinder und Familie gewünscht und ist froh, daß sie heute beides hat. Deshalb käme eine Wochenend-Beziehung für sie auch nicht mehr in Frage. „Ich glaube, spätestens mit Kindern wird das unmöglich. Wenn ich keine Kinder hätte, würde ich das wohl nochmal machen. Im Job kann es eine Zeitlang recht nützlich sein."

„Als das erste Kind kam, konnte ich nicht mehr" – Das Ende einer Fernbeziehung

„Wenn du den heiratest, bist du doch schon nach der Hochzeitsreise so gut wie verwitwet." Als Freunde und Bekannte Annette vor ihrer Hochzeit mit Paul lächelnd warnen wollten, machte sie auch noch Witze darüber. „Ist doch ganz praktisch, dann brauchen wir keine neue größere Wohnung zu suchen." Annette, heute Lehrerin, war damals Referendarin, hatte nach dem Studium mehr als ein Jahr auf die Stelle gewartet, bis sie sie endlich antreten konnte.

Paul, der zehn Jahre älter ist als sie, war schon lange vor ihr fertig. Während sie noch studierte, war er bereits mit besten Karriereaussichten im Job. Als Projektmanager arbeitete er in einem großen Konzern – mit der Perspektive, bei Bewährung für fünf Jahre nach Amerika zu dürfen beziehungsweise zu müssen.

„Zuerst war das einfach ganz weit weg für uns. Wir haben gesagt: Klar macht er das, ist doch eine tolle Chance", sagt Annette. „Ich war ohnehin ziemlich selbständig, hatte mir abgewöhnt, abends mit dem Essen auf ihn zu warten, weil er doch nie pünktlich kam. Ich hatte mein eigenes Leben mit meinem eigenen Bekanntenkreis. Und ich fühlte mich ganz wohl dabei."

Als die Versetzung in die USA bevorstand, haben die beiden geheiratet („Wir wollten es ja sowieso irgendwann tun, und außerdem war das finanziell viel günstiger"). Paul bekam Freiflüge in Aussicht gestellt – jedes zweite Wochenende sollte er nach Hause fliegen. In den Schulferien wollte Annette dann zu ihm kommen.

Nach dem ersten halben Jahr waren die beiden schon ernüchtert. Die Wochenenden erschienen ihnen einfach zu kurz. Kaum hatte Paul seinen Jet-lag auskuriert, da konnte sie ihn wieder zum Flughafen bringen. „Die meiste Zeit schlief er, oder er war schlecht gelaunt", erinnert sie sich. Von all dem, was sie sich vorgenommen hatten – Ausflüge machen, Freunde treffen, zusammen Einkaufen und Ausgehen –, blieb nicht viel übrig.

Als „kleines Wunder" betrachteten die beiden die Tatsache, daß Annette an einem dieser Wochenenden schwanger wurde. Die beiden wollten auf jeden Fall Kinder, aber eigentlich erst später. „Als wir dann erfuhren, daß wir eins bekommen, haben wir nicht lange gezögert. Klar, daß ich es behalten würde", erzählt Annette. „Ich war recht optimistisch, dachte, ich würde das wohl erst einmal auch alleine schaffen. Außerdem hoffte ich, daß es unsere Partnerschaft beleben würde, uns wieder näher zusammenbringen könnte."

Als das Kind kam, war Paul in Deutschland. Er hatte vier Wochen Urlaub genommen, ging mit zur Geburt und war in den ersten Wochen rund um die Uhr mit Annette und der kleinen Tochter zusammen. „Es war wirklich eine schöne Zeit", erinnert sich Annette. Die beiden waren ein gutes Team, wechselten sich ab, so gut es ging. Annette stillte, Paul machte den Haushalt. Er stand auch nachts auf, wenn das Baby herumgetragen werden mußte, weil es schrie, sobald es in sein Körbchen gelegt werden sollte.

Als sein Urlaub zu Ende ging, bekam Annette Angst vor dem Alleinsein. „Jede Nacht allein mit dem Baby. Wenn es nicht schlief, konnte ich auch nicht schlafen. Es gab niemanden mehr, der es mal nehmen konnte. Ich war immer erschöpft." Nach einem Monat zog Annette zu ihrer Mutter. Die half, wo sie konnte.

Als Annette nach einem halben Jahr wieder zu arbeiten anfing, fand sie für die Tochter eine Tagesmutter, die sie nahm, während sie selbst in der Schule war. Doch auch das brachte nicht die gewünschte Erleichterung. „Wenn ich nach Hause kam, mußte ich mich um die Kleine kümmern. Wenn sie abends schlief, setzte ich mich wieder an den Schreibtisch. Aber wenn sie nicht schlief, brach alles zusammen. Ich wurde nicht fertig, war immer müde und unzufrieden", so Annette.

Ihre ganze Wut richtete sich gegen Paul. Sie hatte das Gefühl, daß er sich in den Staaten amüsierte, während sie zuhause die „Schwerstarbeit" machte. „Als er am Telefon einmal jammerte, daß er die Kleine so vermißt, habe ich ihn angeschrien, er könne ja kommen und sie mitnehmen", berichtet Annette. „Ich war verzweifelt und steigerte mich in den Gedanken hinein, daß meine Unzufriedenheit seine Schuld sei."

Kurz vor Weihnachten – die Tochter war gerade zehn Monate alt, viel krank und schlief immer noch nicht durch – hatte Annette das Gefühl zusammenzubrechen. Sie brachte das Kind zu ihrer Mutter, um etwas Ruhe für sich zu haben. Nach zwei Tagen Nachdenken stand für sie fest: So konnte es nicht weitergehen. Beim nächsten langen Telefonat nach Amerika weinte sie, flehte Paul an, zurückzukommen, sonst werde er sie nicht wiedersehen. Paul nahm Urlaub, kam schon vor Weihnachten und beantragte schließlich seine Versetzung. Für seine Karriere war das ein Schritt zurück. Für seine Familie einer nach vorn.

Er mußte zwar noch ein halbes Jahr durchhalten, bis er wieder ganz nach Deutschland kommen konnte, doch Annette ging es schon besser, als sie die neue Perspektive hatte: „Ein halbes Jahr kann man aushalten, wenn man weiß, daß es dann vorbei ist. Aber fünf Jahre sind zuviel." Annette und Paul, die jetzt ihr zweites Kind erwarten, meinen beide, daß sie später vielleicht noch einmal eine Fernbeziehung wagen würden („damit er nicht das Gefühl hat, seine Familie zerstöre seine Karriere"), aber nicht, solange die Kinder noch so klein sind.

„Du gehst fort, und ich bleibe hier" – Wenn der Mann in einer andere Stadt muß und die Familie zurückbleibt

Die letzte halbe Stunde des gemeinsamen Sonntags dürfen Mama und Papa allein sein. „Die sind traurig, weil Papa dann wieder Tschüß sagt", erzählt der sechsjährige Sohn der Familie. Während die Eltern im Wohnzimmer noch eine Tasse Kaffee trinken, damit Günther fit wird für die Fahrt, verziehen die beiden Söhne sich ins Kinderzimmer. Sie sollen dann nicht mehr stören, und daran halten sie sich auch. „Den Jungen ist es wohl peinlich, wenn ihre Mama weint", sagt Ute, die jeden Sonntag von ihrem Mann Günther Abschied nehmen muß.

Die Kinder wissen nicht, daß ihre Mutter schon seit ein paar Monaten nicht mehr mit den Tränen kämpft. Sie haben das nur am Anfang einmal gesehen und nicht so recht verstanden. „Papa hat doch sonst auch jeden Tag Tschüß gesagt", erklärten sie ihrer Mutter ihr Unverständnis über deren Reaktion. Inzwischen, meint Ute, habe sie sich daran gewöhnt, doch der Beginn der Wochenend-Beziehung habe sie „ganz schön aus der Bahn geworfen".

„Ich dachte jeden Sonntag, wenn er mit seinem Koffer durchs Gartentor verschwand, vielleicht kommt er nie wieder. Vielleicht ist es ein Abschied für immer", erinnert sie sich. Was wäre, wenn er in seinem fernen Appartement längst eine andere Frau hat, von der sie nichts ahnt? Wenn er keine Lust mehr hat, einen Teil seines Lebens auf der Autobahn zu verbringen? Wenn er ohne den „ganzen Ballast", Frau, Haus und Kinder 487 Kilometer weit weg, unbeschwerter leben will?

Vor zwei Jahren erfuhr Günther durch einen Zufall, daß es seiner Firma viel schlechter ging, als alle glaubten. Er ahnte, daß seine Entlassung unmittelbar bevorstand. Um sich nicht aus der Arbeitslosigkeit heraus bewerben zu müssen, suchte er sehr eilig etwas Neues, bewarb sich auf Stellenanzeigen in überregionalen Zeitungen. Es war ihm gleichgültig, wohin er gehen mußte – Hauptsache, er würde etwas finden.

Die Familie hatte im Heimatort der Eltern ein Haus gebaut, der jüngere Sohn ging in den Kindergarten, der ältere war gerade in die Schule gekommen. Sie waren in einem Vorort einer größeren Stadt „so richtig etabliert“, wie Ute es sagt. Die Kinder hatten ihren Freundeskreis, Utes Eltern wohnten um die Ecke, und Günthers Stelle in der Stadt schien sicher auf Lebenszeit.

Als er dann einen neuen Job weit weg fand, holte Ute sich erst einmal eine Landkarte. 487 Kilometer (die Fahrtstrecke haben sie inzwischen mehrmals „nachgemessen“, versucht, sie über andere Autobahnen und Landstraßen abzukürzen, doch 487 Kilometer sind das Minimum) muß er jeden Freitag und jeden Sonntag zurücklegen, um nach Hause zu kommen. „Wir sagten uns damals, daß wir ja umziehen können, wenn er sich eingearbeitet hat“, berichtet Ute. Doch eigentlich war das nur eine Trost-Perspektive, um über den Abschiedsschmerz besser hinwegzukommen. „Im Grunde wußten wir, daß wir uns ein Haus wie unser jetziges im teuren Frankfurter Umland gar nicht leisten können“, meint sie rückblickend.

So beschlossen sie, nachdem Günther seine Probezeit überstanden hatte, den geplanten Umzug zu verschieben. Erst einmal um ein halbes Jahr. Ute wollte nicht weg aus ihrer Heimat, und auch die Kinder hatten Angst vor einem Umzug. „Wir fanden immer wieder Gründe, warum es gerade nicht geht“, so Ute. „Zuerst war der Große schlecht in der Schule. Da sagten wir, wenn er jetzt noch die Schule wechseln muß, verliert er ganz den Anschluß. Dann kam der

Kleine in die Schule. Er wollte mit seinen Kindergarten-Kollegen dahin gehen, und wir dachten, daß wir ihm die Einschulung nur unnötig erschweren, wenn er in eine ganz fremde Klasse kommt."

Aus einem halben Jahr wurden zwei. Ute hat inzwischen mehr Vertrauen zu ihrem Mann als am Anfang: „Wir haben uns jetzt so arrangiert. Die Kinder kennen es kaum noch anders, und ich versuche, mehr aus meiner Situation zu machen als nur zu trauern. Ich unternehme viel mit Freunden, bringe die Kinder zu meinen Eltern. Manchmal genieße ich diese Freiheit sogar."

In der Nachbarschaft sind in den letzten beiden Jahren mehrere Männer arbeitslos geworden. „Die zupfen jetzt das Unkraut im Vorgarten und gehen ihren Frauen auf die Nerven", sagt Ute. „Da haben wir es doch noch besser getroffen." Zukunftspläne machen sie zur Zeit nicht. Man weiß ja nie, was kommt. „Vielleicht verliert er seinen neuen Job auch irgendwann wieder. Und dann säßen wir da, hätten alles verloren und müßten wieder umziehen. Wir warten jetzt mal ab, genießen die Familien-Wochenenden, so gut es geht, und wenn sich etwas ändert, entscheiden wir neu."

„Ich gehe fort, und du bleibst hier" – Wenn Frauen ihre Familie zurücklassen müssen

Wenn Journalisten über das Leben der jungen deutschen Familienministerin Claudia Nolte berichten, beschreiben sie häufig eine privat zerrissene junge Frau, die zugibt, daß sie unter der Alltags-Trennung von ihrem kleinen Sohn und ihrem Mann leidet. „Es ist ein schmerzhafter Verzicht", sagt sie zum Beispiel in der Frauenzeitschrift „Allegra" (4/96). „Aber wenn man sich einmal entschieden hat ..." ... dann muß man da durch. Es ist der Preis für die Karriere in Bonn, so scheint es.

Während die Ministerin in der Bundeshauptstadt arbeitet, lebt ihr Ehemann in Thüringen. Er hat seinen Beruf aufgegeben und kümmert sich um Kind und Küche. Manchmal ruft sie vom Dienstwagen aus zuhause an, will wissen, wie es dem Kleinen geht. Ansonsten verläuft ihr Leben mit einem Vierzehn-Stunden-Arbeitstag „weitgehend ohne Familie". Das ist eine ungewöhnliche Auslegung ihres sonst konservativen Familienbildes. Sie hat daran zu knabbern – wie viele andere Frauen auch.

Denn für Frauen ist es viel schwieriger, aus beruflichen Gründen wegzuziehen, als für Männer – vor allem, wenn sie zuhause Kinder haben. Frauen haben mit Vorurteilen und Kritik aus ihrer Umgebung zu kämpfen. Ein Mann gilt – nach weit verbreiteten gesellschaftlichen Normen – zwar als Opfer der Verhältnisse, wenn er seine Familie aus beruflichen Gründen verlassen muß, seine Motive erscheinen jedoch uneigennütziger. Er muß es ja tun, um die Familie zu ernähren. Eine Frau hingegen hat diese Rechtfertigung selten. Schnell gilt sie als egoistische Karriere-Mutter, die ihre Kinder im Stich läßt, um sich selbst zu verwirklichen, die vor dem anstrengenden Alltag mit den Kindern flieht und sie nur am Wochenende „genießen" will.

„Organisatorisch ist das zu machen, wenn der Mann bereit ist, eine Zeitlang ganz zuhause zu sein oder wenigstens eine Teilzeitstelle anzunehmen", sagt Marion, eine Journalistin aus Hamburg, die – „zum Entsetzen meiner Familie und meiner Freunde" – ein halbes Jahr ins Ruhrgebiet ging und ihr einjähriges Kind ihrem Mann überließ, der dafür bei seiner Firma Erziehungsurlaub einreichte. „Ich hatte als Mutter eines kleinen Kindes nach dem Studium der Kommunikationswissenschaft und ohne Praxiserfahrung in der Medienstadt Hamburg keine Chance, einen Einstieg zu finden", erzählt sie. Alle Bewerbungen, die sie schrieb, kamen zurück. Marion: „Es gibt in Hamburg einfach zuviele Journalisten." In der Not bewarb sie sich auf eine Stellenanzeige eines privaten Radiosenders im Ruhrgebiet, „eigentlich nur aus Spaß, ich wollte wissen, ob ich überhaupt eine Chance habe". Als die ihr zusagten, wollte sie nicht die einzige Möglichkeit verspielen und beschloß, ein halbes Jahr dorthin zu ziehen. „Vor allem andere Mütter hielten mich für verrückt", erinnert sie sich. „Du kannst doch ein so kleines Kind nicht allein lassen", sagten sie. Ich kam mir vor wie eine Rabenmutter. Je mehr andere auf mich einredeten, desto mehr glaubte ich es auch selbst." Im nachhinein ist sie jedoch froh, daß sie es gewagt hat. „Ich hätte sonst nie den Einstieg gefunden, und so kann ich jetzt auch in Hamburg frei arbeiten."

Ein anderes Beispiel: Eine Mutter von zwei Söhnen (zehn und zwölf Jahre alt) hatte die Chance, eine Niederlassung ihrer Firma zu übernehmen, die zweihundert Kilometer von ihrem Wohnort entfernt war. Dafür mußte sie nicht nur umziehen, sondern sich auch bereit erklären, regelmäßig zwei Tage in der Woche bei Kunden unterwegs zu sein. Ein Umzug mit der ganzen Familie kam nicht in Frage. Die Kinder sollten in ihrer Umgebung bleiben, und ihre Mutter hätte sie wegen der Reisen ohnehin nicht regelmäßig betreuen können. Ihr Mann war seinerzeit arbeitslos, seine Chancen, etwas Neues zu finden, waren sehr schlecht. „Wir haben lange überlegt und schließlich gemeinsam beschlossen, daß ich diese Stelle annehme", berichtet sie. „Ich gebe zu, daß ich die Ruhe nach Feierabend genieße. Keine Kinder, die etwas gekocht haben wollen, keine chaotische Wohnung, die aufgeräumt werden muß. Trotzdem vermisse ich meinen Mann und die Kinder. Das ist zwar alles sehr bequem für mich, aber traurig. Ich würde diese Situation gern ändern, wenn ich könnte."

„Den Mann fürs Leben brauche ich nicht mehr" – Warum Paare bewußt auf Distanz leben

Gerlinde steht „mitten im Leben", wie sie selbst sagt. Sie ist 58 Jahre alt, Bibliothekarin in einer Großstadt. Seit ihr Mann vor fünf Jahren gestorben ist, lebt sie allein. Ihre Kinder sind erwachsen und schon lange aus dem Haus. Hin und wieder kommen ihre Enkel ein paar Tage zu Besuch. Gerlinde kümmert sich dann um die beiden, wie sie es auch mit ihren eigenen Kindern gemacht hat, aber sie ist immer froh, wenn die Enkel wieder gehen. „Ich bin inzwischen gern allein in meiner Wohnung, mache alles so, wie ich es will, und halte mich nur ungern an die Zeiten von anderen", erzählt sie.

Vor zwei Jahren lernte sie einen neuen Mann kennen. Die beiden kamen auf einer Reise zufällig ins Gespräch. Er lebte nach seiner Scheidung ebenfalls allein. „Zuerst dachte ich, wir würden eine Notgemeinschaft. Zwei ältere Leute, die nicht allein sein wollen und sich deshalb zusammen tun" berichtet sie. Doch dann entdeckten die beiden Gemeinsamkeiten und neue Seiten der Partnerschaft. Die beiden ergänzten sich, hatten sich viel zu sagen und beschlossen, ein Stück zusammen zu reisen. Als sie sich ineinander verliebten, hatte Gerlinde schon die Zukunft vor Augen: Sie könnten zusammenziehen, zusammenleben, vielleicht sogar noch einmal heiraten. Aber das war, wie sie es heute sagt, „nur im ersten Rausch" aktuell.

Als Vertreter war ihr Freund viel unterwegs in einem festen Gebiet, rund 200 Kilometer von ihr entfernt. Die beiden konnten sich erst einmal nur am Wochenende sehen. Sie planten einen gemeinsamen Urlaub als Probezeit. Bis dahin fühlte Gerlinde sich neben dem neuen Mann gleichberechtigt. „Jeder machte seine Sachen, keiner mischte sich beim anderen ein oder erwartete Dinge, die der andere tun sollte."

Probleme traten erstmals im Urlaub auf. „Kaum hatten wir ein bißchen Routine im Umgang miteinander, da ging die klassische Rollenverteilung wieder los. Er fuhr vor, wartete im Auto, während ich einkaufte. Er ließ seine Sachen in unserer Ferienwohnung herumliegen, und ich räumte sie weg. Mittags fragte er selbstverständlich nach dem Essen. Danach holte er sich die Zeitung, überließ mir den dreckigen Tisch, das ganze Geschirr und die Töpfe", erinnert sie sich.

Ihm war dieses Verhalten nicht einmal bewußt. Er machte es, weil er es aus seiner Ehe nicht anders kannte. Und Gerlinde fing automatisch an „zu funktionieren", wie sie es für den eigenen Mann und die Kinder früher auch gemacht hatte. Als sie merkte, daß sie auf dem besten Weg war, seine Haushälterin zu werden, zog sie die Notbremse. „Zusammenzuziehen war für mich kein Thema mehr. Ich hatte mich inzwischen an die Freiheit gewöhnt", sagt sie. Gerlinde hatte keine Lust, seine Haushälterin zu werden. Er versprach zwar, daß sie auch weiterhin machen könne, was sie wolle, wenn er bei ihr wohnt, doch das war vor allem Theorie. Gerlinde: „Wenn ich an unseren gemeinsamen Wochenenden mal abends ins Theater wollte, weil ich ein Abo habe, sagte er zwar großzügig ‚klar, geh' nur'. Doch schon seine Stimme war so beleidigt, daß ich lieber dablieb." Nun bleibt sie samstags und sonntags zuhause, weil er da ist, und hat in der Woche ihre Ausgeh-Abende, die ihn nicht stören, weil er dann selbst unterwegs ist.

Zur Zeit genießt Gerlinde diese Liebe auf Distanz. „Ich habe jemanden, aber ich muß ihn nicht versorgen", meint sie. Für sie ist das so wie die eigene Familie. „Ich brauche sie und liebe sie. Die Kinder und die Enkel, aber wenn sie immer da sind und mich rund um die Uhr in Anspruch nehmen, wird die Liebe leider sehr schnell beeinträchtigt. Mit einer gewissen Entfernung ist das leichter."

Gerlinde möchte weiter so leben, solange sie es kann. Ihr Freund hat sich damit abgefunden. Er wird seine Stelle ohnehin nicht mehr wechseln. Änderungen werden sich wohl erst ergeben, wenn er in ein paar Jahren pensioniert wird. Dann hält ihn nichts mehr in seiner Stadt. „Dann wird er wohl bei mir auf der Matte stehen", sagt Gerlinde lächelnd und hofft, daß sie dann vielleicht doch ganz froh ist, im Alltag nicht allein zu sein. „Wenn ich selbst in Rente gehe, wird mir mein Beruf sicher sehr fehlen. Vielleicht lasse ich mich dann doch noch mal darauf ein, mich ganz an diesen Mann zu gewöhnen. Doch im Moment brauche ich keinen Mann fürs Leben."

Als junge Frau war Gerlinde da anderer Meinung. „Ich wollte damals unbedingt heiraten, Kinder bekommen, eine Familie gründen. Eine Fernbeziehung wäre für mich undenkbar gewesen. Aber wenn man älter wird und reifer, und wenn man alles gehabt hat, was man sich als junge Frau wünscht, dann ist das gar nicht so schlecht."

„Wir wollen nie zusammenziehen" – Wenn Paare freiwillig getrennt leben

Woran die Beziehung im einzelnen gescheitert ist, konnte im nachhinein keiner mehr so richtig sagen. „Es ging einfach nicht gut", lautet das Fazit, das die 48jährige Dora zog, als sie zusammen mit ihrem Lebensgefährten Rolf beschloß, die „eheähnliche Gemeinschaft", in der sie seinerzeit lebten, aufzulösen und eine Fernbeziehung daraus zu machen, um die Liebe zu retten. Damit ging das Paar einen ungewöhnlichen Schritt, der im Freundes- und Bekanntenkreis bestaunt und belächelt wurde. „Wir gingen ganz bewußt zurück an unsere Wurzeln", erklärt Dora.

Zurück zu den Wurzeln – das hieß für sie, Rahmenbedingungen für ihre Beziehung zu schaffen, die den Bedingungen ähnlich waren, unter denen sie zehn Jahre zuvor ihren Freund kennengelernt hatte. Damals waren beide mit anderen Partnern verheiratet. Dora und ihr Mann hatten drei Kinder, ein Haus war abzubezahlen – eine Trennung kam nicht in Frage, obwohl „unsere Liebe sich im Alltag längst abgenutzt hatte". In dieser Phase lernte sie Rolf kennen. Er erschien ihr wie der Retter in der Not, ein lebensfroher Künstler, Lehrer mit viel Zeit und vielseitigem Interesse an allen schönen Dingen des Lebens. Er war verheiratet, aber mehr „auf dem Papier als im Leben", wie er es betonte. Seine Frau und er hatten beschlossen zusammenzubleiben, bis der gemeinsame behinderte Sohn selbständig sei. „Für mich war das ein richtiges Erwachen. Ich hatte es nicht für möglich gehalten, daß ich mich als etablierte erwachsene Frau, als Mutter und Ehefrau in meinen festgefahrenen Strukturen, in denen ich damals lebte, noch einmal so verlieben würde. Ich war in dieser Hinsicht ziemlich hart geworden. Liebe – das Wort bedeutete für mich eine ganz ferne Schwärmerei, etwas, wovon ich vielleicht noch mal was aus zweiter Hand mitkriegen würde, wenn meine Tochter in die Pubertät kommt. Aber für mich? Irgendwie hatte ich es es abgehakt. Und dann kam Rolf."

In der Euphorie waren Dora und Rolf wie zwei Teenager: Auf verwirrende, bis dahin kaum gekannte Weise verliebt. Sie waren verunsichert, aber glücklich. Sie lernten die Logistik einer unerlaubten Liaison schnell: heimliche Treffen an Orten, wo sie keiner kennt, Ausreden zuhause, lange Telefonate, wenn einer vom anderen wußte, daß er allein ist, Wochenend-Reisen, die er als Dienstreisen deklarierte und sie als Fahrten zu Freundinnen, die ihr – im Falle eines Falles – ein Alibi lieferten. „Wir litten immer, wenn wir uns nach solchen Treffen wieder trennen mußten, klagten, daß die Zeit zu zweit viel zu kurz ist, daß wir gar keine Möglichkeit hatten, uns so kennenzulernen, wie wir wirklich sind. Ich kannte nur sein Sonntagsgesicht", sagt Dora. Trotzdem glaubte sie, daß Rolf der richtige Partner für sie sei. „Daß wir diesem Druck von außen widerstehen konnten, hat uns bestärkt, aneinander zu glauben. Wir waren überzeugt, daß wir – wenn wir das überstehen – auch im Alltag gut miteinander auskommen würden“, sagt Dora.

Für sie war die Zukunft klar: Sie wollte sich, spätestens wenn ihre Kinder aus dem Haus sein würden, von ihrem Mann trennen, um mit Rolf ein neues Leben anzufangen. „Wir sahen uns bis dahin als Opfer der Verhältnisse, dachten, daß alles besser wird, wenn wir erst zusammen sein dürfen. Darauf haben wir alles geschoben, was in unserem Leben mal nicht so lief, wie es vielleicht laufen sollte.“

Daß es tatsächlich zur Scheidung kam, lag in erster Linie an Doras Mann. Er eröffnete ihr eines Tages, daß er eine andere habe und sich trennen wolle. Die Kinder waren inzwischen erwachsen. Dora war frei. Dem Zusammenleben mit Rolf stand nichts mehr im Weg; auch er war inzwischen von zuhause ausgezogen, was aber nichts mit ihr zu tun hatte, sondern in seiner Ehe begründet war. Sein Sohn war bei seiner Ex-Frau geblieben.

„Jetzt standen wir plötzlich da, hatten erreicht, was wir uns so lange so sehnsuchtsvoll gewünscht hatten und wußten mit unserem Glück nicht so recht etwas anzufangen“, berichtet Dora. Es war sehr wichtig für beide, daß keiner den anderen zur Trennung vom Ehepartner gedrängt hatte. Sonst wäre der Erfolgsdruck zu groß gewesen – nach dem Motto: Ich habe mich für dich getrennt, und jetzt hältst du nicht, was du versprochen hast.

Schon als die beiden schließlich anfingen, sich eine gemeinsame Wohnung einzurichten, stellten sie erschreckt fest, daß die Stimmung nicht so großartig war, wie sie hätte sein sollen. Das setzte sich nicht nur so fort, es steigerte sich noch. „Wir bemühten uns nicht mehr so umeinander. Wir hatten uns ja jetzt." Alle die kleinen Aufmerksamkeiten und die großen Gesten, mit denen sie sich früher ihre Liebe gezeigt hatten, fielen weg. Sie erschienen nicht mehr notwendig. Außerdem entdeckte jeder beim anderen das ernüchternde Montag-bis-Freitag-Gesicht. Nach zwei Jahren war die Beziehung nicht viel besser als die Ehen, in denen sie vorher gelebt hatten („Wir lebten langweilig – wie ein Ehepaar, das sich nichts mehr zu sagen hat").

Als Dora merkte, daß Rolf sie betrog, zog sie den Schlußstrich, suchte sich eine eigene Wohnung und wollte erst einmal alleine leben. („Ich war überrascht, wie gut ich das konnte. Ich dachte vorher immer, ich könnte überhaupt nicht alleine sein.") Nach einem halben Jahr rief Rolf wieder an. Er entschuldigte sich, wollte, daß alles wieder gut wird, daß sie einen neuen Anfang machen – und bemühte sich um sie wie in alten Zeiten.

Das war eine neue Chance. „Zum Glück", so sagt Dora heute, „fiel ich nicht darauf herein. Ich wollte nicht wieder mit ihm zusammenleben, obwohl ich ihn noch mochte und ihn in diesem halben Jahr auch sehr vermißt hatte." Doch es waren vor allem die Erinnerungen an die ersten Jahre, von denen sie zehrte, an die Zeit, in der sie sich heimlich mit ihm treffen mußte und selten länger als zwei Tage mit ihm zusammensein konnte. „Der Zeit unseres eheähnlichen Zusammenlebens weinte ich keine Träne nach", sagt sie.

Um die Liebe neu zu beleben beziehungsweise nicht vom gemeinsamen Alltag zerstören zu lassen, wollten die beiden ein neues Modell entwickeln: Ohne Illusionen und ohne „emotionales Risiko", so Dora, ließen sie sich auf eine Distanz-Beziehung ein: getrennte Wohnungen in einer gemeinsamen Stadt. Die beiden sehen sich seitdem regelmäßig, aber nicht viel häufiger als früher in ihrer heimlichen Beziehung. Einerseits empfindet das Paar es als beruhigend, sich nicht mehr verstecken zu müssen. Andererseits fehlt der Reiz des Verbotenen. Und es fehlt die gemeinsame Zukunftsperspektive, die die Beziehung früher motiviert hat. „Wir können heute nicht mehr sagen, daß alles einmal schöner wird, wenn wir endlich zusammen sind. Von dieser romantischen Vorstellung haben wir Abschied genommen."

Dora sieht ihre Beziehung heute als Kompromiß zwischen Wunsch und Wirklichkeit. „Diese Lösung ist sicher nicht ideal, aber an etwas Vollkommenes glaube ich ohnehin nicht mehr. Wir sind einigermaßen zufrieden, aber nicht mehr euphorisch. Das muß im Moment reichen."

Teil II
Long-Distance-Liebe – Was sie stört und was sie beflügelt

Stichwort „Zeit“ – Kurzes Glück mit langer Wartezeit

Wenn sie reisen, dann rasen sie gegen die Zeit. Pendler auf dem Weg zum Partner buchen jede gewonnene Minute vom Konto „verlorene Zeit" auf das Konto „Lebenszeit" um. „Wenn ich ohne Stau durchkomme, bin ich nach zwei Stunden bei ihm, mit Stau dauert es vier. Ich sitze dann richtig zappelig am Steuer, denke bei jedem, den ich überhole, daß mein Freund sich drüber freuen wird, wenn ich früher da bin. Unser Wochenende ist ja kurz genug", berichtet eine Frau, die jedes zweite Wochenende dreihundert Kilometer zu ihrem Freund fährt.

Die vielen Reisen kosten nicht nur Geld, sondern auch Kraft und Zeit, aber sie sind häufig die einzige Möglichkeit, durch eigenes Zutun (sprich: durch möglichst schnelles Fahren) die Zeit der Trennung zu verkürzen. Noch einmal die Wochenend-Fahrerin: „Ich kann meine Stundenzahl im Büro nicht verringern, kann freitags nicht einfach zwei Stunden früher gehen, um eher bei ihm zu sein. Aber wenn ich ordentlich Gas gebe, kann ich durchaus zwei Stunden gewinnen. Das spornt mich an."

Weil sie immer in Eile sind, sehen die meisten die Reisezeit als verlorene Zeit. Sie ärgern sich über jede

Verzögerung, blicken zwischen Uhr und Kilometerstand hin und her, werden aggressiv, wenn die Strecke nicht frei ist. Wohl wissend um vorprogrammierten Ärger und die damit verbundenen Gefahren, setzen sich viele ins Auto, obwohl sie auch den Zug nehmen könnten, weil es einfach schneller geht – wenn kein Stau ist. „Ich fühle mich klasse, wenn ich meine Strecke in eineinhalb Stunden herunterreiße, so, als hätte ich die Tücken der Trennung besiegt, als könnte ich etwas tun gegen die Entfernung, sie sozusagen mit dem Gaspedal besiegen", berichtet ein Fernbeziehungs-Fahrer, der Wert darauf legt, daß er sonst eigentlich kein Raser ist.

In Fernbeziehungen, die länger dauern, wechseln die Partner oft nach etwa einem halben Jahr vom Auto auf den Zug. Eine Betroffene berichtet: „Ich war diesen Kampf gegen die Zeit einfach leid. Autofahren ist so destruktiv, weil die Zeit, die man damit verbringen muß, einfach eine tote Zeit ist. Im Zug hingegen muß man seine Zeit zwar auch absitzen, aber man kann sie nutzen. Ich mache mir immer eine Liste von Dingen, die ich erledigen muß. Pflicht-Briefe schreiben zum Beispiel. Oder Sachen, um die ich mich sonst gerne herumdrücke. Den ersten Teil der Zugfahrt verbringe ich dann mit diesen Pflichten. Danach fühle ich mich richtig gut, habe das Gefühl, etwas geschafft zu haben, etwas Sinnvolles in einer sonst so sinnlosen Zeit. Die zweite Hälfte der Reisezeit lege ich dann zur Belohnung die Beine hoch, freue mich auf das bevorstehende Wochenende, entspanne mich, weil ich weiß, daß ich ohnehin nicht gegen die Zeit antreten kann.

Wenn ich dann ankomme, bin ich viel ruhiger und zufriedener. Das ist für unsere Partnerschaft letztendlich befriedigender, als in aller Hektik, aber dafür eine Stunde früher anzukommen."

„Shuttles" kennen sich gut aus im Straßen-, Schienen- und Luftfahrtnetz. Sie wissen, wo es Rabatte gibt, wann man günstig buchen kann. Ob Bahn-Card, „Guten-Abend-Ticket" oder „Schönes Wochenende", ob Super-Spar oder Spar-Preis, ob ein Beifahrer-Platz bei der Mitfahrzentrale oder drei „MfG"-Plätze im eigenen Auto oder mit „Flieg und Spar" bei der Lufthansa – sie wissen, wann man was zu welchem Preis buchen muß. Sie errechnen sich immer wieder das für ihre persönlichen Bedürfnisse günstige Verhältnis von Zeit und Preis. Eine Betroffene: „Wenn ich zwei Wochen vorher buchen kann, fliege ich von München nach Hamburg, weil ich das Gefühl habe, damit am schnellsten zu sein. Eigentlich wäre das gar nicht nötig. Seit es den ICE gibt, schafft man das auch mit der Bahn in gut fünfeinhalb Stunden. Die brauche ich auch mit dem Flugzeug, wenn ich S- und U-Bahn-Fahrten und die Anreise zum Flughafen einrechne. Aber bei nur einer Stunde Flugzeit glaube ich, effektiver zu reisen und dem Zeitmangel in unserer Beziehung ein Schnippchen zu schlagen."

Wenn die Anreise endlich zu Ende ist, beginnt das lang ersehnte Zusammensein häufig erst einmal mit Müdigkeit. „Statt uns zu freuen, daß wir es jetzt geschafft haben, daß ein langes Wochenende vor uns liegt, hängen wir oft nur noch im Sessel herum, sind abgespannt – einer von der Anreise, der andere von der

Arbeitswoche – und tun nichts mehr", erzählt eine Betroffene.

Manche Paare brauchen jedes Mal wieder ein bißchen Zeit, um sich aneinander zu gewöhnen. Diese Zeit ist eigentlich „nicht drin", wie es ein „Shuttle" formuliert. „Wenn wir zu lange schweigen, schlafen oder einfach nichts tun, sind wir hinterher unzufrieden über die verpaßten Chancen. Wenn es uns gelingen würde, auch diese ‚toten Phasen' als wichtigen Teil unserer Wochenend-Beziehung zu akzeptieren, wären wir wohl zufriedener. Doch der Zeitdruck setzt uns unter Erfolgsdruck."

Die meisten Paare, die in einer Fernbeziehung leben, empfinden den Mangel an gemeinsamer Zeit als eines der größten Probleme. Selbst Urlaube, freie Freitage und Montage oder mit Feiertagen gebaute „Brükken" bringen nur kurzfristig Erleichterung. Dem Paar fehlt der gemeinsame Alltag. Häufig versuchen Paare sogar, alles, was zum Alltag gehört, aus Zeitmangel zu vermeiden. „Unsere wertvolle gemeinsame Zeit wollen wir nicht an der Supermarkt-Kasse verbringen", berichtet ein Paar. So kaufen beide schon ein, solange sie noch allein sind – am langen Donnerstag oder in der Mittagspause, auf jeden Fall nicht am „wertvollen" Samstag.

Der letzte Tag zu zweit – meistens der Sonntag – ist häufig schon morgens getrübt von der Aussicht auf den bevorstehenden Abschied. Je näher das Ende rückt, desto schneller verrinnt die Zeit. Eine Betroffene: „Manchmal versuchen wir, noch Stunden zu gewinnen, indem ich einen Zug später nehme oder sogar zwei. Um neun Uhr geht dann der letzte. Ich komme um Mitternacht in meiner Wohnung an. Wir haben zwar zwei Stunden mehr gehabt, aber im nachhinein war's doch, wie immer, viel zu kurz."

Stichwort „Sex" – Liebe auf Kommando

„Gatten, die sich vertragen wollen,
lernens von uns beiden!
Wenn sich zweie lieben sollen,
braucht man sie nur zu scheiden."

(Oberon)

Goethe, Faust 1, Walpurgisnachtstraum

Es ist eine alte Weisheit, daß Abwesenheit attraktiv machen kann, daß man sich rar machen sollte, um interessant zu bleiben. Alles, was ein Mensch täglich haben kann, verliert seinen Reiz schneller als etwas, was Seltenheitswert besitzt. So ist es durchaus möglich, daß eine räumliche Trennung das Liebesleben eines Paares bereichert. „Wenn wir uns zwei Wochen nicht gesehen haben, sind wir richtig ausgehungert. Manchmal landen wir nach dem Wiedersehen sofort im Bett. Wir sind uns nicht fremd, aber trotzdem hat es den Reiz des Raren. Es ist eine Seltenheit, etwas Besonderes geworden, das wir genießen", berichtet ein Mann, der mit seiner Freundin seit einem halben Jahr eine Wochenend-Beziehung führt. „Wir waren vorher bereits drei Jahre zusammen, hatten in den letzten beiden Jahren eine gemeinsame Wohnung. Da hatte die

Leidenschaft schon etwas nachgelassen." In dieser Beziehung war die Trennung ein klarer Gewinn. „Wir können jetzt zwar nicht mehr so oft, aber dafür intensiver. Selbst wenn wir wieder zusammenziehen sollten, werden wir wohl freiwillig immer eine Zeitlang enthaltsam bleiben, um den Reiz zu bewahren."

Eine Frau, deren Mann aus beruflichen Gründen von zu Hause wegziehen mußte, erlebte diese Veränderung ganz anders: „Wenn er kam, war es eine unausgesprochene Pflicht. Er war bester Stimmung, freute sich auf mich und auf unser gemeinsames Wochenende. Ich wollte dann nicht als Spielverderber dastehen und machte mit, auch wenn ich eigentlich wenig Lust hatte. Früher konnten wir das einfach verschieben, sagten okay, dann vielleicht morgen. Für uns gibt es im Moment kein Morgen mehr. Freitagsabends ist er oft zu spät da, sonntags schon wieder weg. Tagsüber sind die Kinder da, da können wir nie. Also bleibt nur der Samstag abend. Dann heißt es: jetzt oder nie. Der nächste Samstag ist viel zu weit weg, und was dann ist, wissen wir vorher auch nicht. Dahin können wir es nicht verschieben. Natürlich zwingt er mich nicht, aber die Stimmung wäre einfach komisch, wenn ich nein sagen würde. Und gerade in unseren wenigen Stunden zu zweit will ich unbedingt, daß die Stimmung gut ist. Sonst ist das ganze Wochenende vermasselt, was schade wäre. Wir haben ja sonst nichts."

Auch andere Paare empfinden es als problematisch, manchmal nur einen Abend zur Verfügung zu haben, an dem Sex stattfinden muß, weil sonst die Chancen für die ganze Woche vertan sind. „Ich kenne genug Leute, bei denen in ganz normalen Partnerschaften auch nicht mehr läuft als einmal in der Woche, aber die können wenigstens frei wählen, wann es sein soll und bekommen den Zeitpunkt nicht von äußeren Umständen diktiert", sagt eine Studentin, deren Freund einen Studienplatz in einer 200 Kilometer entfernten Stadt zugewiesen bekam, während sie selbst in ihrer Heimatstadt bleiben durfte.

Auf bis dahin ungeahnte Probleme stieß ein Paar, das sich vorgenommen hatte, ein Kind zu zeugen. Die Frau war gerade dreißig geworden und fand, daß es genau das richtige Alter sei, um schwanger zu werden. Sie wollte, wenn das Kind da sein sollte, ihren Beruf aufgeben und mit ihrem Mann in dessen Stadt eine gemeinsame Wohnung suchen. „Da ich nicht wußte, wie lange es dauern würde, bis ich schwanger werde, wollte ich nicht vorzeitig kündigen. Wir beschlossen, nicht mehr zu verhüten", erzählt sie. Das bedeutete: Treffen nach Fieberkurve. Die beiden mußten es schaffen, an ihren fruchtbaren Tagen zusammenzukommen – ohne Rücksicht auf Feiertage und Wochenenden. „Beim ersten Mal habe ich lange im voraus Urlaub genommen, um zu ihm zu kommen. Dann verschob sich meine Menstruation, und der erste Termin war verpatzt."

Im zweiten Anlauf nahm er kurzfristig Urlaub. Obwohl der Termin „wohl so einigermaßen hinkam", klappte es nicht. Nach einem halben Jahr Hin- und Herreisen hatten die beiden keine Lust mehr. „Wir konnten ja auch sonst nie besonders spontan sein, aber dieser Zwang nahm uns den letzten Spaß. Vor allem, wenn wir dann hinterher noch frustriert waren, weil es nicht geklappt hatte", erinnert sie sich. „Ich glaube heute, unter diesem Druck konnte ich gar nicht schwanger werden."

Erst im Urlaub fand das Paar Entspannung und Zeit. Sie achteten nicht mehr auf den Fruchtbarkeits-Kalender, sondern nur noch auf die eigene Lust. In diesen vier Wochen auf Korsika klappte es plötzlich. Sie wurde schwanger. Acht Wochen vor der Geburt, als ihr Mutterschutz begann, wurde die Fernbeziehung beendet. Die beiden zogen in eine gemeinsame Wohnung, um endlich „eine richtige Familie" zu gründen.

Mehr als neunzig Prozent aller Pendler-Paare, so ergab eine wissenschaftliche Untersuchung, vermissen vor allem Zärtlichkeit. „So ein gemütlicher Abend, an wir uns nur ein bißchen streicheln, uns nah sind, ohne daß etwas Aufregendes passiert – das fehlt uns einfach", faßt eine Betroffene die Problematik zusammen.

Der Mangel an Zeit für Zärtlichkeit ist in der Regel für eine Beziehung belastender als die Tatsache, daß das Paar nur selten zusammenkommt. Denn für den Zeitmangel gibt es keinen Ausgleich, nichts, was ein Paar darüber hinwegtrösten könnte, während der Verzicht im Alltag die Lust am Wochenende steigern kann. Immerhin finden mehr als 30 Prozent der Betroffenen ihren Sex nach der räumlichen Trennung sogar aufregender als vorher. Schon der römische Dichter Properz erläuterte in seinen „Elegien" den Grund:

„Heißer ist stets die Glut,
wenn die Liebende fern dem Geliebten
Immer zur Hand sein
macht minder geschätzt den Gemahl."

„Shuttle-Paare" leben (fast automatisch) so, wie es Therapeuten schon länger empfehlen. Experten wissen, daß zuviel Nähe eine Beziehung zerstören kann. Jede Partnerschaft – gleichgültig, ob Mann und Frau rund um die Uhr zusammen sind oder ob sie sich nur am Wochenende sehen – braucht bei aller Nähe auch Distanz, weil die Partner sich sonst selbst um ein spannendes Spiel bringen: Die Kunst, sich gegenseitig immer wieder neu zu entdecken, beherrschen „Shuttle"-Paare im Idealfall perfekt, auch wenn es die äußeren Umstände sind, die sie dazu zwingen.

Stichwort „Karriere" – Im Beruf allzeit bereit

Wenn beide Partner mit großem Engagement im Beruf stehen, empfinden sie es häufig als großen Vorteil der Fernbeziehung, daß sie sich intensiver der Karriere widmen können. Wenn zuhause niemand wartet, fallen Überstunden leichter, läßt sich der Tagesablauf ganz nach den Regeln des Büros gestalten. Eine Architektin, die früher an drei Tagen in der Woche zweihundert Kilometer weit fuhr, um von einer Niederlassung ihres Büros aus eine Baustelle zu betreuen, beschloß nach einem halben Jahr Hin- und Herfahren, an den drei Tagen im Hotel zu wohnen: „Ich hatte vorher häufig Krach mit meinem Freund. Wenn ich zum Beispiel gesagt hatte, ich käme wahrscheinlich früher, weil eine Besprechung schon mittags angesetzt war, machte er pünktlich um vier Uhr Schluß, kaufte ein, kochte uns etwas – und ich kam nicht. Weil es auf der Autobahn zu voll war, oder weil ich plötzlich doch noch Sachen erledigen mußte, von denen ich vorher nichts wußte. Wenn ich dann endlich da war, war er beleidigt." Wenn das Paar dann auch aus Zeitgründen kein gemeinsames Frühstück schaffte, war die Krise vorprogrammiert. „Er warf mir vor, nur meinen Beruf im Kopf zu haben und nicht an ihn zu denken. Ich konnte das auch verstehen. Ich wäre ja auch sauer, wenn ich ständig warten müßte", berichtet die Architektin.

Als die beiden beschlossen, drei Tage in der Woche getrennt zu leben, löste sich das Problem. An den Abenden, an denen sie nicht da war, nahm er sich etwas anderes vor, verabredete sich mit Freunden und mußte nicht mehr warten, um dann enttäuscht zu werden. „Es war einfach eine andere Basis. Jetzt konnte jeder tun und lassen, was er wollte, kommen und gehen, wann er wollte. Ich fühle mich seitdem freier, habe mehr Zeit für mich, weil die Fahrerei wegfällt", sagt sie.

Auch Freiberufler oder Studenten, die einen Teil ihrer Arbeit zuhause erledigen, empfinden die Anwesenheit des Partners oder der Partnerin häufig als störend für die eigene Arbeit. Denn die Liebe lenkt ab. „Wenn er da ist, kriege ich keinen Satz zustande", sagt eine Journalistin, deren Freund zur Zeit arbeitslos ist und deshalb immer wieder länger bei ihr sein kann als nur ein Wochenende. „Ich freue mich zwar, wenn wir zusammen sind, aber für meinen Beruf ist das schlecht. Meistens bleibt alles liegen, bis er wieder weg ist."

Die Schriftstellerin Elfriede Jelinek lebt mit ihrem Mann freiwillig auf Distanz. Sie in Wien und er in München. An zehn Tagen im Monat sehen sie sich – sonst lebt und arbeitet jeder allein. Die Schriftstellerin sieht diese Distanz als einen der Gründe dafür, daß ihre Ehe funktioniert: „Wir lassen uns Freiheiten."

Viele kreative Berufe funktionieren ohne diese

Freiheiten nicht. Noch einmal die Journalistin: „Ich bin ein Nachtmensch. Ich kann mich nicht nach dem Frühstück hinsetzen und schreiben. Ich brauche dafür Atmosphäre, Muße – idealerweise auch Musik. In diese Stimmung kann ich mich am besten abends versetzen. Wenn dann ein Mann da wäre, der um sechs Uhr aus dem Büro kommt, mit mir etwas essen will und anschließend auf einen gemütlichen Abend wartet, wären wir wohl ganz schnell verkracht. Es ist schon schwierig, wenn ich einen ganz dringenden Auftrag habe, und an den Wochenenden, an denen er da ist, arbeiten muß. Er weiß, daß mein Beruf das mit sich bringt, zieht sich dann zurück. Aber ich habe keine Muße, wenn er im Nebenraum vorm Fernseher sitzt. Wenn wir mal ganz zusammenziehen, brauchen wir auf jeden Fall ein abgetrenntes Arbeitszimmer, das idealerweise sogar in einem anderen Haus wäre, so daß Arbeit und Partnerschaft schon räumlich getrennt sind, und es da keine Konflikte gibt."

Stichwort „Alltag“ – Kein Krach in der Küche

Teilt man eine weitverbreitete Ansicht, wie sie sich zum Beispiel im Ehescheidungsgesetz widerspiegelt, so fehlt einem auf Distanz lebenden Paar die wichtigste Grundlage für eine funktionierende Partnerschaft: die gemeinsame Wohnung. In einem Scheidungsverfahren gelten getrennte Wohnungen als Beweis für die Zerrüttung einer Ehe. Umgekehrt wird das Zusammenziehen eines Paares häufig als Liebesbeweis gesehen, als wichtigster Schritt in eine gemeinsame, dauerhafte Zukunft. Einen Haushalt zu zweit zu führen, die Dinge des Alltags zu teilen, eine ökonomisch sinnvolle Wirtschaftsgemeinschaft zu gründen – das ist ein verbindender äußerer Rahmen, über den ein Paar normalerweise seinen Status definiert.

In Beziehungen, in denen die Partner getrennt leben, fehlt dieser Rahmen völlig. Was sie verbindet, sind „nur“ Gefühle, Gedanken, Gespräche, gemeinsame Aktivitäten und gleiche Interessen. Damit kehren sie ziemlich radikal vom herkömmlichen Partnerschaftsverständnis ab. Sie steigen heraus aus den traditionellen Rollen, die ihnen durch die gängigen gesellschaftlichen Erwartung zugewiesen werden – mit allen Vor- und Nachteilen. „Einerseits bin froh darüber, daß ich seine Barthaare nach dem Rasieren nicht aus dem Waschbecken putzen muß. Andrerseits hätte ich ihn abends gerne frisch rasiert in meinem Bett", faßt eine Frau die Problematik kurz zusammen.

Hier wird deutlich, was die konsequente Alltags-Trennung von „Tisch und Bett" bedeutet: Jeder bewältigt seinen Alltag selbständig und ist nur für sich selbst verantwortlich. Er kann einkaufen, was und wann er will, putzen, wann er es für notwendig erachtet, und seine Sachen nach Lust und Laune herumliegen lassen, ohne daß der andere sich darüber ärgert. Der Preis dieser Freiheit ist die Einsamkeit an Alltagsabenden beziehungsweise das Alleinsein. Das Wissen um einen zwar fernen, aber doch festen Partner schützt die meisten „Shuttles" vor großen Einsamkeitsgefühlen, sie legen Wert darauf, daß sie sich häufig allein, aber nicht einsam fühlen.

In vielen „normalen" Partnerschaften ist der Krach in der Küche ein vorprogrammierter Knackpunkt: Wer kocht? Wer spült? Wer bringt den Müll herunter? Arbeiten wie „Küchendienst" lassen sich kaum wirklich gerecht verteilen. Trotz aller Gleichberechtigungsversuche sind es nach wie vor die Frauen, die die Hauptlast tragen – vor allem, wenn sie weniger arbeiten als die Männer, also häufiger zuhause sind und wenn Kinder im Haushalt leben. Frauen fühlen sich noch immer als die Hauptverantwortlichen dafür, daß der Haushalt funktioniert. Männer hingegen drücken sich so gut sie können. Etwa zwei Drittel aller Männer, so ergaben Umfragen, schaffen es, mit

Ausreden („Leider keine Zeit", „Wenn ich nach Hause komme, ist ja schon alles gemacht", „Dafür kümmere ich mich ums Auto", „Wieso das Bad putzen? Ich mache doch immer den Rasen", „Wenn ich meine Hemden selber bügle, sehen die so aus, daß ich damit nicht ins Büro kann") um die unangenehmsten Aufgaben herumzukommen.

„Shuttle"-Männer haben diese „Chance" nicht. „In diesem Punkt bin ich wirklich froh, daß wir nicht zusammenleben. Sonst gäbe es ständig Zoff", erzählt eine Betroffene. „Mein Freund ist kein Pascha-Typ, der die Beine hochlegt und sagt, das sei doch Frauenkram. Im Gegenteil, er hat da ganz moderne Ansichten. Er handelt nur nicht danach. Seine Wohnung ist eine richtige Junggesellen-Bude. Alles liegt herum. Das Geschirr bleibt stehen, bis genug da ist. Es sei umweltzerstörend, meint er, nur ein paar Teller unter den laufenden Wasserhahn zu halten. Also wartet er, bis ein stinkender Geschirr-Berg angewachsen ist. Ich kann sowas nicht mitansehen. Wenn wir zusammenleben würden, würde ich es einfach machen, nur damit es weg ist – Umwelt hin oder her. Wenn ich bei ihm zu Besuch bin, versuche ich, darüber hinwegzusehen und mich nicht einzumischen."

Ein anderes Paar hat das gleiche Problem etwas anders gelöst: „Mein Freund weiß, daß ich seine Unordnung nicht mag. Wenn ich komme, putzt er vorher, wie er es sonst nie tut. Beim ersten Mal war ich ganz gerührt. Er führte mich stolz durch die Wohnung und zeigte mir jede Ecke: Hier, habe ich alles für dich gemacht. Auch wenn er bei mir ist, bemüht er sich zumindest, nicht alles herumliegen zu lassen, weil ich dann so ungemütlich werde. Da wir uns nur selten länger als ein Wochenende sehen können, hält er seine guten Vorsätze auch einigermaßen durch. Aber ich glaube, wenn wir immer zusammen wären, würde er es nicht schaffen. Auf Dauer kann man sich wohl nicht so verstellen. Jeder soll ja auch eigentlich sein können, wie er wirklich ist, und nicht für den anderen eine Rolle spielen, die ihm innerlich widerstrebt. Wir würden in einer gemeinsamen Wohnung wohl drei Bereiche schaffen: Einen für ihn, einen für mich und einen für uns beide. In seinem Bereich könnte jeder machen, was er will, in dem gemeinsamen müßte mein Freund sich wohl meinem Ordnungssinn anpassen."

Um den klassischen Konflikten in der Küche an gemeinsamen Wochenenden zu entgehen, einigen sich viele Pendler-Paare darauf, daß keiner sich in den Haushalt des anderen einmischt, daß der „Gast" sich zum Beispiel höchstens an Arbeiten beteiligt, die er selbst mit verursacht hat – etwa am Abwasch nach einem gemeinsamen Essen. Oder daß der „Gastgeber" allein für alles verantwortlich ist; bei diesem Modell wird der Gerechtigkeit durch die wechselnden Rollen von „Gast" und „Gastgeber" Genüge getan. „Für mich bringt eine Fernbeziehung die einzig denkbare wirklich gerechte Form der Arbeitsteilung mit sich – nach dem Prinzip der Selbstverantwortung. Alle anderen guten theoretischen Vorsätze scheitern ja schon in den meisten Wohngemeinschaften", sagt eine Betroffene.

Erst wenn Kinder kommen, läßt sich die Belastung durch Hausarbeit nicht mehr gerecht auf beide Partner verteilen. Eine Mutter von zwei kleinen Kindern, deren Mann nur am Wochenende kommt, faßt zusammen: „Wer die Kinder hat, hat die Arbeit.“ Ein Großteil der Hausarbeiten, die durch Kinder verursacht werden, läßt sich nicht aufschieben. „Sie brauchen ihre festen Mahlzeiten. Danach muß immer geputzt werden, weil sie noch zu klein sind, um richtig zu essen. Ein Teil der Mahlzeit fällt immer auf den Fußboden. Wenn man es nicht wegmacht, klebt irgendwann alles fest. Mit dem Aufräumen ist es ähnlich verhängnisvoll. Wenn ich alles liegenlassen würde, so wie die Kinder es hinwerfen, würden wir nichts wiederfinden und kämen spätestens am Tag danach nicht mehr zurecht. Ich kann nicht einfach sagen: Ich lasse das, damit mein Mann sich auch an der Hausarbeit beteiligen kann. Das geht nicht. Ich weiß da auch keinen Ausweg.“

Stichwort „Sehnsucht" – Manchmal schmerzlich, manchmal süß

„Hier erzählt Martina Dieter, 28, Mitarbeiterin einer Hamburger Werbeagentur, über ihre Long Distance Love mit Darius Etemadieh. Er ist 32, studiert seit zehn Monaten Gesang in Seattle/USA: ‚Seit Darius in Seattle lebt, ist unsere Sehnsucht und unsere Liebe noch viel intensiver geworden. Wir telefonieren jeden dritten Tag, wenn wir uns besuchen, ist es so unglaublich spannend wie beim ersten Mal. Wie hat der andere sich verändert, wie sieht er aus? Ich habe jedes Mal Herzklopfen, obwohl wir schon fast zwei Jahre befreundet sind.'"

(Aus einem Report der „Bunten" über Sehnsucht nach Liebe)

Eine Fernbeziehung ohne Sehnsucht? Das ist wohl undenkbar. Sie gehört dazu wie Abschiednehmen und Wiedersehen, wie Vorfreude und Trennungs-Tränen, manchmal schmerzlich, manchmal süß. Sie kann beflügeln und zerstören, verzaubern und lähmen. Denn Sehnsucht ist ein seltsames Phänomen. Sie ist ein trauriges Gefühl, das glücklich macht – wenn es nur richtig dosiert wird.

Im Positiven bedeutet das: Sehnsucht beflügelt die Liebe, weil sie bei phantasievollen Menschen Träume und große Gefühle weckt. In der Weltliteratur gibt es unzählige Romane, Gedichte und Dramen, die von der Sehnsucht zweier Liebender erzählen, die nicht zusammenkommen. So schön traurig, daß es die Leser zu Tränen rührt. In Wochenend-Beziehungen sind die Partner darauf angewiesen, voneinander zu träumen, wenn sie sich nicht sehen können. Das schafft ein Idealbild vom anderen auch über lange Zeit hinweg – das sonst meistens nur in der ersten Phase der großen Verliebtheit existiert und später den „ganz normalen Abnutzungserscheinungen" zum Opfer fällt.

„In den schönen Phasen der Sehnsucht bin ich richtig glücklich", erzählt eine Frau mit Fernbeziehung. „Ich höre Musik, zünde mir eine Kerze an und denke an ihn. Ich bin dann happy, daß ich ihn habe, manchmal rufe ich ihn in dieser Phase an, und wenn es ihm dann gerade genauso geht, genießen wir unsere Sehnsucht zusammen. Unromantisch ist es nur, wenn er gerade in einer ganz anderen Stimmung ist – das weiß ich ja vorher nicht. Ich überlege immer genau, ob ich anrufe und wie ich reagieren würde, wenn er nur kurzangebunden ist, weil er gerade Fußball im Fernsehen guckt. Wenn ich das weiß, melde ich mich lieber nicht. Ich will mir diesen Zauber bewahren. Es ist eine romantische, poetische Stimmung, die mich vom Alltag erhebt."

Wenn ein Paar sich nach einer langen Zeit des Sehnens endlich wieder in die Arme schließt, spüren beide die spezielle Energie der Sehnsucht: Sie glauben, sich so nah zu sein wie nie zuvor. Sie wollen nie mehr auseinandergehen, aber tun es dann doch – vielleicht schon am nächsten Tag – und damit erhalten sie sich den Zauber. Im Taoismus, einer chinesischen Weisheitslehre, heißt es von der Sehnsucht, daß sie immer da ist wie die Luft zum Atmen, daß sie im Leben pulsiert wie das Blut in den Adern. Die Sehnsucht, so sagt das Tao, hat in Wahrheit keinen Grund. Man sollte nicht versuchen, sie zu stillen, sondern sie wertzuschätzen als das, was sie ist: eine treibende Kraft.

Wird die Sehnsucht nicht um ihrer selbst willen gelebt, sondern steht ihre Erfüllung als höchstes Ziel im Vordergrund der Lebensplanung, so kann sie leicht in Ernüchterung, Trauer oder sogar Depression umschlagen. Long-Distance-Liebende, die glauben, nur glücklich sein zu können, wenn sie endlich zusammen leben, werden Sehnsuchtsgefühlen selten etwas Positives abgewinnen. Wenn sie von ihrem fernen Partner träumen, beglückt sie das nicht, sondern sie verzweifeln daran, was sogar krank machen kann.

Der Baseler Arzt und Humanist Johannes Hofer diagnostizierte im 17. Jahrhundert erstmals eine Krankheit, die aus Sehnsucht entsteht: Er schuf das Wort „Nostalgia“ aus den griechischen Begriffen „nostos“ (Heimkehr ins Vaterland) und „algos“ (Schmerz) für die damals bekannte „Heimwehkrankheit“. Söldner und Studenten, die fern der geliebten Schweizer Heimat leben mußten, wurden krank, wenn sie bestimmte Melodien aus den Schweizer Alpen hörten. Sie fielen in ein „hitzig Fieber“, wurden melancholisch und unruhig; in ganz schlimmen Fällen endete die

„Heimwehkrankheit" mit dem Tod. Wenn „Kurzweil und Gymnastik" nicht halfen, so empfahl der Arzt ihnen, „schleunigst in die Heimat zurückzukehren".

Wie „Shuttle"-Paare ihre Sehnsuchtsgefühle erleben, hängt davon ab, wie sie damit umgehen, ob sie sie als Chance sehen können, ihre Liebe zu bereichern und ihr Verlangen nacheinander dadurch zu steigern, oder ob sie ihnen nur Schmerzen bereitet, bis sie glauben, es nicht mehr zu ertragen. Eine Betroffene berichtet: „Mir tat es körperlich richtig weh, wenn ich nur an ihn dachte. Manchmal fing ich sogar an zu heulen. Einfach so, mitten am Tag im Büro. Ich kam mir verrückt vor und versuchte mich zu verstecken. Doch es half nichts. Wenn ich ihn anrief, kriegte ich nichts Gescheites heraus. Beim ersten Mal war er erschrocken, dachte, ich wolle Schluß machen und könne deshalb nicht mehr richtig reden. Wenn ich unter Leuten war, habe ich immer versucht, mich abzulenken, einfach nicht an ihn zu denken. Aber abends allein konnte ich mich nicht zurückhalten. Nach vier Monaten habe ich meinen Auslandsaufenthalt, der eigentlich ein Jahr dauern sollte, abgebrochen. Ich konnte nicht mehr."

„Es gibt im Leben zwei große Enttäuschungen", besagt eine alte Weisheit, „die eine ist die Sehnsucht, die sich nicht erfüllt, die andere die, die sich erfüllt". Für „Shuttle"-Paare ist das Zusammenziehen meistens die Endstation der Sehnsucht. Dabei geht es dann häufig doch nicht so glücklich zu, wie die Partner sich das aus der Ferne erträumt haben (siehe auch Stichwort „Zusammenziehen" – Horror oder Happyend?)

Stichwort „Entfremdung“ – Worüber sollen wir reden?

„Es gab einen Moment in unserer Beziehung, da wurde mir klar, wie leicht man sich voneinander entfernen kann, ohne es so richtig zu merken. Ich hatte einen früheren Zug genommen als üblich, um am Wochenende zu meinem Freund zu fahren. Ich wußte, daß er mich abholen würde, und wollte die Wartezeit in einem Bahnhofscafé verbringen. Dort fand ich einen Platz auf einer Galerie, von der aus ich den ganzen Bahnhof überblicken konnte. Plötzlich sah ich ihn kommen. Er ging in einen Buchladen, kam wieder heraus, sah sich um, blieb an einem Zeitschriftenständer stehen. Während ich ihn still beobachtete, dachte ich: Das ist ein fremder Mann. Ich hatte nicht das Bedürfnis, hinzulaufen und ihn zu umarmen. Es war einfach nichts Vertrautes an ihm. Es machte mir fast Angst. Je länger ich dort saß, desto unheimlicher wurde es. Ich stand schließlich auf und sagte mir: Geh hin, wenn wir erst nah zusammen sind und miteinander reden, wird dieses Entfremdungsgefühl schon verschwinden. Doch das tat es nicht. Irgendetwas lag zwischen uns. Er fragte mich, was los sei. Ich sagte, daß es nichts besonderes sei, ich habe einen früheren Zug nehmen können und sei deshalb schon da. Ich konnte ihm doch nicht erklären, daß ich mich gerade vor ihm erschrocken hatte, daß ich mir meiner Gefühle plötzlich nicht mehr sicher sei, daß er vor mir stand wie ein Fremder. Wir schwiegen uns an, wußten nicht, worüber wir reden sollten. Dieser Darling-hattest-du-eine-schöne-Reise-Quatsch war uns zu oberflächlich, aber etwas Tiefsinniges fiel uns auch nicht ein. An diesem Wochenende dauerte es bis zum Sonntag, bis wir wieder richtig vertraut miteinander waren. Abends mußte ich schon wieder aufbrechen. Ich war ziemlich sicher, daß die Entfernung unsere Beziehung auf die Dauer zerstören würde, weil wir uns offensichtlich sehr fremd geworden waren."

Das Problem der Entfremdung hängt eng mit der Lebensform Fernbeziehung zusammen. Eine Pendler-Partnerschaft muß nicht zwangsläufig zu Kommunikations-Problemen führen (in wievielen Ehen haben sich Mann und Frau nichts mehr zu sagen, obwohl – oder gerade weil – sie seit zwanzig Jahren tagaus tagein zusammen sind?). Die räumliche Entfernung kann aber Entfremdungserscheinungen hervorrufen – vor allem, wenn keine Regelmäßigkeit gegeben ist, weil die Strecke zum Beispiel zu weit für eine Wochenend-Reise ist, oder weil einer (oder beide) im Beruf so stark eingespannt sind, daß der Dienst häufig auch aufs Wochenende fällt.

Warum ist es so schwer, nach einer langen Zeit der Trennung ins Gespräch zu kommen? Eigentlich müßte man sich doch gerade dann viel zu sagen haben – man hat ja schließlich viel erlebt. Doch es ist keineswegs der Mangel an Erzählstoff, der einem „Shuttle"-

Paar Probleme macht. Es ist der schwierige Balanceakt zwischen Nähe und Distanz. Eine Betroffene beschreibt das so: „Wenn ich meinen Freund drei Wochen nicht gesehen habe, kann ich im Bahnhof doch keine Zusammenfassung meiner Erlebnisse liefern – so, als ob ich meiner Oma vom Urlaub erzähle. Das Wetter war schön, und dann waren wir schwimmen, bei Regen im Restaurant und so weiter. Ich habe an ihn ganz andere Ansprüche. Ich möchte die wirklich wichtigen Dinge mit ihm bereden, was mich bewegt, was uns betrifft. Dafür brauchen wir eine vertraute Atmosphäre, die nicht von einer Minute zur nächsten entstehen kann. Wir brauchen einfach viel Zeit, sonst bleiben wir sprachlos oder weichen auf Small-Talk aus – beides ist unbefriedigend und hinterläßt so ein kaltes Gefühl."

Was die einen Paare als unbefriedigend empfinden, mag für andere durchaus akzeptabel sein. Das Gefühl der Entfremdung ist ein sehr individuelles. Die meisten „Shuttles" haben ihre eigenen Erfahrungen damit gemacht, wann der Moment da ist, in dem sich die ansonsten als positiv erlebte Distanz in negative Entfremdungsgefühle verwandelt. „Wenn man an diesen Punkt kommt, muß man etwas tun", meint ein Mann, der eine gescheiterte Fernbeziehung hinter sich hat. Obwohl er und seine ehemalige Freundin äußerlich sehr viel in ihre Beziehung investierten (allein der regelmäßige Kraftakt des Reisens forderte sie immer aufs neue heraus), hatten beide eines Tages das Gefühl, daß ihre Liebe innerlich Routine geworden war („Wir funktionierten wie selbstverständlich, jeder erledigte seine Pflicht, aber es fehlte einfach die Leidenschaft"). Das Paar ging auseinander.

„Wir hätten unsere Liebe vielleicht retten können, wenn wir mehr dafür getan hätten", meint er im nachhinein. „Letztendlich haben wir es uns zu leicht gemacht, indem wir unsere Probleme einfach nur auf die Entfernung geschoben haben. Daß man sich auseinanderlebt, das kann einem ja auch in einer normalen Beziehung passieren – im Grunde sogar viel leichter. Das war uns nur damals nicht bewußt."

Ein Paar, das Erfahrungen mit verschiedenen Entfernungen gemacht hat (er ist im Auftrag seiner Firma an wechselnden Orten im Einsatz, sie als Fotografin viel unterwegs), definiert die Entfremdungsgefahr sehr genau: „Wenn es nicht mehr möglich ist, innerhalb von einem halben Tag zusammenzukommen, tauchen diese Probleme leicht auf. Ein Wochenende ist dann schon fast nicht mehr zu schaffen, ein spontanes Treffen ohnehin ausgeschlossen. Dann sieht man sich so selten, daß man nicht mehr weiß, worüber man reden soll. Über längere Zeit sollten zwei Menschen, die zusammengehören, nicht viel weiter als 300 Kilometer von einander entfernt wohnen, so daß sie sich abends noch treffen können, wenn einer (oder beide) ganz dringend das Bedürfnis haben."

Stichwort „Provisorium" – Ewig in der Warteschleife

„Es war dieses Gefühl, nie anzukommen, nie richtig zuhause zu sein, nichts anzufangen, weil kein Ende in Sicht ist. Manchmal fühlte ich mich gebremst, fast wie gelähmt. Ich redete mir ein, daß ich mich nicht zu tief in meine Beziehung einlassen darf, um nicht gleich zu heulen. Das einzige, was mich in solchen Momenten tröstete, war die Aussicht auf Änderung, die Hoffnung, daß wir doch noch mal richtig zusammenkommen."

Die Frau, die so ihre Situation beschreibt, hat fünf Jahre lang versucht, mit ihrem Freund zusammenzuziehen. Zweimal hatte es bereits geklappt, doch „das Leben" brachte sie wieder auseinander, so daß es dem Paar zweitweise wie verhext erschien. Als beide im ersten Semester waren, lernten sie sich kennen. Kurz zuvor hatte er einen Studienplatzwechsel beantragt. Dem Antrag wurde stattgegeben, und er mußte umziehen. Sie blieb ein Semester, um ihm dann nachzuziehen. Kaum war sie angekommen und hatte ihre erste gemeinsame Wohnung beschafft, bekam er ein Stipendium im Ausland und konnte nicht nein sagen.

In seiner Abwesenheit gab sie ihr Studium auf,

um eine Ausbildung anzufangen. Als er zurückkam, war sie wieder weg. Der Einstieg in den Beruf, eine Kündigung nach der Probezeit, ein neuer Job in einer neuen Stadt – so ging es ein Jahr lang hin und her, bis er sich in seiner neuen Stelle sicher fühlte. Sie kündigte ihren Job, um ihm wieder nachzuziehen. Während die beiden auf Wohnungssuche waren, wurde ihre Mutter schwer krank. Sie zog zu ihren Eltern, um dem Vater beizustehen und die Mutter zu pflegen. Durch Zufall fand sie im Heimatort der Eltern eine Stelle, die sie antrat, um „in dieser schwierigen Zeit häufiger bei ihnen sein zu können".

Er blieb unterdessen angeblich allein, hatte aber eine neue Freundin, von der sie erst einmal nichts wußte. Später erzählte er ihr davon; für sie war alles aus. Sie war froh, bei ihren Eltern einen Unterschlupf zu haben, in den sie sich zurückziehen konnte. Als die beiden sich zu einer großen Aussprache trafen, versöhnten sie sich wieder, wollten neu anfangen – und zwar zusammen. Doch vorerst fanden sie keine Stadt, in der beide gleichberechtigt arbeiten konnten.

„Meine Freundinnen waren schon richtig etabliert, hatten mit ihren Männern zusammen große Wohnungen, manche hatten schon Kinder, bauten Häuser, und ich saß immer noch in einem Zimmer in der Stadt meiner Eltern – wie sitzengeblieben und nicht abgeholt."

Das Paar lebte von einem Übergang zum nächsten – immer auf Abruf in der Hoffnung, daß sich von allein etwas ändert. „Ich habe mir zum Beispiel nie Möbel gekauft, weil ich dachte, es lohnt ja doch nicht.

Wenn die angeliefert werden, bin ich vielleicht schon wieder weg, und dann sind sie mir nur im Weg", berichtet sie. Auch emotional, so glaubte sie schließlich, lohnen sich Investitionen nicht mehr. „Ich träumte von einer großen Familie, einem Mann, der immer bei mir ist, einem eigenen Haus und davon, endlich seßhaft zu werden. Je länger ich darauf wartete, desto schlimmer wurde es für mich."

Als sie ihm schließlich anbot, zu ihm zu ziehen, obwohl sie dann zunächst arbeitslos sein würde, äußerte er sich nur unverbindlich dazu. Sie könne ruhig kommen, sagte er, aber er könne nicht garantieren, daß er auch am Ort bleibe. Es gebe da ein Auslandsangebot ... Es fiel ihr zunehmend schwerer, einen Zustand zu akzeptieren, dessen Ende nicht abzusehen war. „Wenn ich gewußt hätte, noch ein halbes Jahr, und dann ist es vorbei, dann hätte ich es wohl durchgehalten. Dann hätte ich meine Pläne verschoben. So glaubte ich aber nicht mehr daran, weil ich schon zu oft enttäuscht worden war."

Eigentlich, so meint sie rückblickend, sei es nur noch eine Frage der Zeit gewesen, bis sie jemanden kennenlernte, der ihr glaubhafter versprechen konnte, was sie sich wünschte. „Ich glaube, nachdem ich innerlich mit dem ganzen Hin und Her abgeschlossen hatte, war ich viel offener anderen Männern gegenüber. Vorher hatte ich mich immer zurückgehalten, weil ich nicht in Konflikte kommen wollte. Von diesem Zeitpunkt an war mir das gleichgültig." Das Ende der Fernbeziehung war vorprogrammiert, als sie sich in einen Kollegen verliebte, den sie schon länger kannte, aber vorher („aus Selbstschutz") bewußt kaum beachtet hatte.

Ihr Freund in der Ferne war nicht einmal besonders überrascht von der Nachricht. „Ich wußte, daß das irgendwann so kommen würde", sagte er ihr. Sie glaubt inzwischen, daß er innerlich schon lange vor ihr mit der Beziehung abgeschlossen hatte. „Es waren vielleicht doch nicht nur dumme Zufälle, die uns hinderten, zusammen zu kommen. Vielleicht sollte es so sein", meint sie im Rückblick.

Stichwort „Geld“ – Ein Gehalt für Bundesbahn und Telekom?

Es war wie ein böses Erwachen. Nach einem Jahr Fernbeziehung zwischen Bremen und Basel wollte ein Paar es genau wissen: Was kostet eine Liebe in der Ferne? Viel – das wußten die beiden „Shuttles“ schon lange. Doch ganz genau wollten sie es bis dahin nie ausrechnen („zu unromantisch, man kann doch Liebe nicht in Geld aufwiegen“). Daß sie es schließlich doch taten, hatte einen ernsten Hintergrund: Beide lebten – obwohl sie überdurchschnittlich verdienten – seit mehreren Monaten im Minus. Und es war kein Ende abzusehen. „Wir wußten einfach nicht, wo das Geld bleibt. Wir führen keinen aufwendigen Lebensstil – so das übliche, was andere in unserem Bekanntenkreis auch haben. Aber während andere Doppelverdiener wie wir sogar noch Geld übrig hatten, reichte es bei uns vorne und hinten nicht mehr“, sagt sie.

Um das Rätsel zu lösen, verfolgte jeder seine Kontoauszüge aus dem zurückliegenden Jahr. Am Ende der Aktion stand fest: Rein rechnerisch steht der ganze Aufwand in keinem Verhältnis zum Ertrag. Mehr als ein ganzes Gehalt ging in „teuren Monaten“ für die doppelte Haushaltsführung mit allen Konsequenzen drauf. „Wir hätten eine bessere Bilanz, wenn wir zusammenleben würden und einer dafür seinen Beruf aufgäbe", lautete das Fazit. Doch das kam für beide nicht in Frage. Sie legten großen Wert darauf, daß finanzielle Gründe sie weder trennen noch zusammenbringen könnten. Trotzdem ist es ein Thema, das viele Paare beschäftigt – auch wenn es nur ein Nebenaspekt der Beziehung ist.

Wie setzen sich die Kosten zusammen? Am Monatsanfang wird erst einmal eine doppelte Miete fällig. Bei dem bereits erwähnten Paar zahlt jeder für seine Zwei-Zimmer-Wohnung mit Nebenkosten gut tausend Mark. Das sind Preise, die in Großstädten üblich sind. Da „Shuttles" häufig umziehen und in kurzer Zeit eine Wohnung finden müssen, sind sie in der Regel gezwungen, diese Preise zu zahlen.

Am Ende des Monats kommt die nächste große Rechnung. Das ist die von der Telekom. Da Gespräche zwischen Deutschland und der Schweiz als Auslandsgespräche abgerechnet werden, fallen höhere Gebühren an als bei Inland-„Shuttles". In den „teuren Monaten" geht es bei besagtem Paar bis 800 Mark (auf beiden Seiten, wohlgemerkt), in „billigen Monaten" bleibt es unter 600 Mark. Etwa 100 Mark davon sind andere Gespräche als die mit dem Partner. Der Rest geht auf das Konto „Liebe".

Zwischen den großen Rechnungen am Anfang und am Ende des Monats kommen die regelmäßigen Kosten fürs Reisen. Weil es von Bremen nach Basel zu weit ist, um sich jedes Wochenende zu sehen, trifft sich das Paar nur zweimal im Monat. Manchmal auch weniger. Weil die Frau als Freiberuflerin häufiger unterwegs sein kann, macht sie sich meistens auf den Weg zu ihm und nicht umgekehrt. Wenn sein Beruf es erlaubt, treffen die beiden sich auch gelegentlich in der Mitte, um die Fahrtzeiten abzukürzen. Trotzdem: Je nachdem, welches Verkehrsmittel sie nehmen (ob Bahn, Auto oder Flugzeug) und wie sie die Kosten berechnen (schlägt eine Fahrt im eigenen Auto nur mit den Benzinkosten zu Buche, oder sollte man ein Kilometergeld veranschlagen?) – die reinen Reisekosten liegen selten unter 1000 Mark im Monat.

Hinzu kommen Kosten, die man aus den Kontoauszügen im nachhinein nicht mehr herauslesen kann: Ausgaben für Restaurantbesuche, für die Verpflegung unterwegs, für die Einrichtung der zweiten Wohnung und für die „Single-Zuschläge" im Supermarkt (Singles können kaum Mengenrabatte in Anspruch nehmen, weil sie meistens nur kleine Portionen brauchen, von denen immer noch zuviel übrig bleibt). „Wenn ich auch noch meinen Verdienstausfall für die Reisetage mit berechnen würde, könnte ich das alles ganz vergessen", sagt sie.

Nicht alle „Shuttles" müssen so hohe Kosten tragen, vor allem, wenn sie nicht soweit auseinander leben. Doch überlegen viele – auch wenn die monatlichen Belastungen nicht ganz so hoch sind –, wie sie sparen könnten. Einige Tips finden Sie im dritten Teil dieses Buches (siehe Seite 125 ff.).

Stichwort „Freunde“ – Am Wochenende überflüssig?

Freunde und Freundinnen zählen für Menschen, die im Alltag allein sind, zu den wichtigsten Bezugspersonen. Die meisten Betroffenen legen großen Wert darauf, daß ihre Freunde keineswegs Lückenbüßer für die Zeit sind, in der der eigene Partner nicht da ist, auch wenn es nach außen oft den Anschein hat. Denn – genauso wie in der Beziehung zum Partner – auch in der Beziehung zu guten Freunden ist der Zeitmangel ein großes Problem. Von Montag bis Freitag braucht man sie nach Dienstschluß, am Wochenende, wenn die Freunde einen selbst vielleicht brauchen, muß man ihnen absagen: Sorry, aber am Wochenende habe ich für dich keine Zeit, du weißt doch, entweder bin ich weg, oder ich habe Besuch von meinem Schatz.

„Meine beste Freundin, mit der ich in der Woche viel unternehme, ist zur Zeit Single. Es tut mir immer sehr leid, wenn wir zum Beispiel eine gute Idee haben und dann feststellen, daß sie sich nur am Wochenende verwirklichen läßt, also an Tagen, an denen ich entweder nicht da bin oder Besuch habe", berichtet eine Frau mit Wochenendbeziehung.

Ein Mann hat ebenfalls schmerzliche Erfahrungen gemacht: „Am Wochenende werde ich gar nicht mehr eingeladen, selbst wenn ich mal da bin. Ich habe im Bekanntenkreis wohl einfach zu häufig abgesagt. Das ist jetzt die Konsequnz daraus."

Manche Paare, die ihre Freunde am Wochenende nicht im Stich lassen wollen, beschließen deshalb, sich auch mit dem Partner im größeren Kreis zu treffen oder eine gute Freundin oder einen Freund mitzunehmen. Doch meistens endet das nicht so, wie alle Beteiligten es sich vorgestellt haben. Einer ist das dritte Rad am Wagen, fühlt sich störend neben einem Paar, das sonst nicht allein zusammensein kann. „Wenn die sich dann küßten, habe ich einfach weggesehen, aber ich fühlte mich ziemlich unwohl dabei. Ich wußte doch, daß die beiden viel lieber allein sein wollten, daß sie mich nur aus Mitleid mitgenommen hatten, weil ich sonst am Wochenende allein gewesen wäre", erzählt eine Frau, die „einmal und nie wieder" die Einladung eines „Shuttle"-Paares zum gemeinsamen Wochenendausflug angenommen hatte.

Auch Treffen in größeren Gruppen oder Cliquen streichen viele Paare nach schlechten Erfahrungen aus ihrem Wochenend-Programm. Eine Betroffene: „Als wir uns trennen mußten, wollten wir auf keinen Fall auch noch unseren Freundeskreis verlieren. Also packten wir uns den ganzen Samstag mit Terminen voll. Essen mit Freunden, ins Kino mit alten Studienkollegen, mal ein Paar-Treffen mit netten Arbeitskollegen – so war immer etwas los. Wir merkten erst später, daß wir uns damit unsere wertvollste Zeit zerstörten. Was bleibt denn noch, wenn auch der Samstag fehlt? Wir machen jetzt viel seltener etwas mit unseren alten Freunden. Eigentlich schade, finden wir, aber zur Zeit nicht zu ändern."

So wie die Freunde von „Shuttle"-Paaren sich als einzelne in Gegenwart eines Paares deplaziert fühlen, so haben auch Wochenend-Partner häufig Probleme, sich in ihrem Alltag anderen Paaren anzuschließen. Noch einmal die bereits oben zitierte Frau: „Zuerst dachte ich, es würde kein Problem. Ich bin ja eigentlich kein Single, den der Anblick von glücklichen Paaren traurig stimmt. Trotzdem fühlte ich mich nicht recht wohl in meiner Haut. Ich habe mit meiner Freundin nie so richtig darüber gesprochen, aber ich glaube, sie fand es auch komisch, traute sich aber wohl nicht, mir das zu sagen, weil sie vielleicht Mitleid hatte. Auf jeden Fall schliefen diese Dreier-Abende nach ein paar Durchläufen ein. Seitdem treffe ich mich häufig mit meiner Freundin allein oder in einer größeren Gruppe von Frauen, die alle ohne Männer kommen. Da ist die Atmosphäre einfach lockerer, die Stimmung besser, und keine fühlt sich überflüssig."

Viele weibliche „Shuttles" berichten, längerfristig vor allem Frauen als Freunde zu haben. Echte Freundschaften mit Männern, die rein platonischer Natur sind, werden offenbar mit zunehmendem Alter seltener, Beziehungen zu anderen Paaren schwieriger. Es ist nicht in erster Linie die Angst, dem fernen Partner untreu zu werden, die die besten Freundinnen zusammenhält, sondern eine Vertrautheit, die es „eben nur zwischen Frauen gibt", wie es eine Frau formuliert.

Eine Studentin, die mit ihrem Freund in einer

Wochenend-Beziehung lebt, suchte sich bewußt eine Frauen-Wohngemeinschaft für den Alltag, weil das „am besten eine fehlende Familie ersetzen kann und nicht so schnell zu Konflikten führt", wie sie es sagt. „Meine beiden Mitbewohnerinnen haben zwar ihre Freunde in der gleichen Stadt, aber sie leben nicht mit ihnen zusammen. Wenn mal einer zu Besuch kommt, verzieht sich das Paar meistens in ein Zimmer. Dann ist immer noch die andere da, und ich bin nicht den ganzen Abend allein. Jedes zweite Wochenende habe ich Besuch. So ist das Verhältnis ungefähr ausgeglichen. Unsere Schicksale verbinden uns. Ich glaube, auch wenn wir alle mal auseinanderziehen, bleiben wir Freundinnen fürs Leben."

Für Männer erscheint eine solche enge Freundschaft nicht so wichtig. „Mir reicht es, meine Frau als Vertraute zu haben", sagt einer. „Anderen Männern würde ich nie solche Gefühlsdinge erzählen, wie ich es mit meiner Frau tue." Damit er von Montag bis Freitag nicht jeden Abend allein ist, verabredet sich dieser Mann regelmäßig mit Kollegen oder Bekannten – mal zum Essen, mal ins Kino. „Klar, daß wir dabei auch miteinander reden, aber es ist meistens belangloses Zeug, was man eben so redet, um einen Abend herumzukriegen."

Männer, die ihren „Familiensitz", also ihren alten Wohnort, verlassen, um während der Woche in einer Wohnung beim Arbeitsplatz zu leben, haben große Probleme, privat überhaupt Anschluß zu finden. Häufig bleibt ihnen nur der Kollegenkreis, und da ist es schon aus Konkurrenzgründen schwierig, wirkliche

Freundschaften aufzubauen. „Wo sollte ich auch jemanden kennenlernen?" fragt ein 40jähriger Betroffener. „In meinem Alter sind die meisten verheiratet, gehen abends nicht mehr alleine aus, oder sie sind homosexuell. So einen richtigen Kumpel, wie ich in meiner Schul- oder Studienzeit einige hatte, finde ich hier nicht. Zuhause habe ich schon noch welche, aber die muß ich nicht unbedingt sehen, wenn ich zu meiner Frau fahre. Da haben wir Besseres zu tun."

Stichwort „Zusammenziehen" – Horror oder Happyend?

Fernbeziehungen sind Crash-Tests für die Liebe. In der kurzen Zeit, die einem Long-Distance-Paar bleibt, müssen beide das vollbringen, wofür andere sieben Tage in der Woche Zeit haben. Sie müssen lernen, miteinander auszukommen, die eigenen Bedürfnisse mit denen des Partners in Einklang zu bringen, ohne daß einer auf der Strecke bleibt, sie müssen ihre Konflikte im Schnelldurchgang lösen, damit sie nicht schlecht gestimmt auseinandergehen. Sie müssen – trotz äußerer Hektik – innere Ruhe finden, um Routine zu entwickeln, die ihnen Sicherheit gibt.

Eine durchgehaltene Fernbeziehung ist noch kein Garant für ein dauerhaftes Zusammenleben. Doch sie kann eine wichtige Probe für die Partnerschaft werden: Ein Paar, das alle damit verbundenen Probleme bewältigt, hat auch gute Chance, später gemeinsam glücklich zu werden.

„Bei uns grenzte es an ein Wunder, daß wir das als Paar durchgestanden haben", erzählt eine Frau, die heute mit ihrem ehemaligen „Fernfreund" verheiratet ist. „Wir haben uns kennengelernt, als wir beide zweiundzwanzig waren. Zehn Jahre waren wir danach zusammen, aber doch getrennt. Als ersten Test haben wir gemeinsam Urlaub gemacht. Es klappte. Dann haben wir während des Studiums und während unserer ersten Jobs alle Varianten durchprobiert: Mal sind wir gependelt, mal wohnten wir zusammen bei unseren Eltern, mal in Wohngemeinschaften, mal jeder in einem kleinen möblierten Zimmer, mal im Wohnheim, mal ein halbes Jahr im Zelt in Indien. ‚Was wollt ihr denn noch alles probieren, bis ihr endlich wißt, ob ihr wirklich zusammenpaßt'? fragten unsere Freunde schon im Spaß. Wir wollten eigentlich gar nichts mehr probieren, aber wir fühlten uns als Nomaden ganz wohl. Wir hatten schon soviel zusammen erlebt und durchgestanden, hatten uns beide einmal anderweitig verliebt, aber wieder zusammengefunden, daß wir uns einfach sicher waren. Wir dachten: Heiraten können wir immer noch. Jetzt genießen wir die Freiheit. Wir hatten ja schon oft erlebt, wie wunderbar es sein kann, wenn man nach langer Trennung wieder zusammenkommt. Auch heute, wo wir verheiratet sind und zusammenleben, machen wir nicht alles gemeinsam. Zum Glück sind wir beide durch diese lange Distanz-Zeit sehr selbständig geworden, so daß keiner am anderen klettet. Vielleicht ist das das Geheimnis dafür, daß unsere Ehe heute so gut funktioniert."

Bei diesem Paar handelte es sich um eine freiwillige Distanz-Beziehung. Die beiden hatten in der langen Zeit durchaus die Möglichkeit, zusammenzuziehen, aber sie verzichteten darauf. Anders verläuft es häufig, wenn ein Paar diese Chance nicht hat und von Anfang getrennt leben muß – ohne Aussicht auf Änderung. Das führt sehr leicht dazu, daß die Partner sich aus der Ferne gegenseitig verklären und dann von der Realität enttäuscht werden.

„Bei uns fing das manchmal schon am Freitag abend an. Wir hatten uns die ganze Woche aufeinander gefreut, und plötzlich war die Stimmung schlecht, obwohl wir eigentlich allen Grund hatten, zufrieden zu sein. Ich fragte ihn, was los sei. Er sagte nichts Richtiges, nur, daß das nicht mit mir zu tun habe. Ich nahm es aber doch persönlich und schimpfte, daß er sich mal zusammenreißen solle. Ausgerechnet an unseren schönsten Tagen muffelte er so herum. Ich hatte den Anspruch, am Wochenende die perfekte Beziehung zu führen. Immer lieb, immer guter Laune, wo wir doch im Alltag immer so traurig waren. Schließlich redete ich mir ein, daß diese Mißstimmung nur deshalb da ist, weil wir uns so selten sehen. Ich idealisierte alles, was kommen sollte, wenn wir erst richtig zusammen sein sollten. Auch dann wollte ich alles perfekt machen. Als ich ihm an einem unserer Wochenenden vorschlug, eine Camping-Ausstellung anzusehen – mit dem Argument ‚wenn wir zusammenziehen, brauchen wir doch Gartenmöbel' –, flippte er aus. Er sei gar nicht sicher, ob wir wirklich zusammenziehen sollten, wir würden uns doch sehr auf die Nerven gehen und so weiter. Ich habe das nicht so ernst genommen, habe gedacht, daß ist nur eine Laune. Jedenfalls war ich es allein, die das Zusammenziehen vorantrieb. Als ich eine Stelle in seiner Stadt fand, suchte ich uns ein Haus. Er machte zwar mit, aber war nie so richtig begeistert bei der Sache. Als wir dann zusammenwohnten, änderte sich nichts in unserer Beziehung. Ich war so enttäuscht, denn für ihn gab es eigentlich keinen Grund mehr, so unzufrieden zu sein, wie er immer tat. Nach einem Jahr trennten wir uns – undramatisch, ohne Leidenschaft. Die Liebe hatte sich einfach ausgelebt."

Stichwort „Treue“ – Gelegenheit macht nicht gleich Liebe

„Ich bin nicht treu, und zur Zeit will ich es auch nicht sein. Mein Freund weiß es nicht, aber er ahnt es wohl." Die 28jährige Schauspielerin, die das sagt, hat bereits eine Odyssee hinter sich, was Wohnorte und was Freunde betrifft. Länger als ein Jahr hat sie seit ihrer Ausbildung nicht an einem Ort gewohnt, und viel länger war sie auch mit keinem Mann zusammen, ohne zwischendurch andere zu haben. Beruflich ist sie viel herumgekommen: Mal hatte sie einen Vertrag für ein Stück, mal war sie arbeitslos, dann hielt sie sich mit kleinen Rollen und als Synchron-Sprecherin für Werbefilme über Wasser. Das „Extremste", was ihr bisher passiert ist, war eine Tournee durch deutsche Kleinstädte. Jeden Abend woanders, tagsüber im Bus unterwegs. „Feste Beziehungen gibt es da kaum noch", sagt sie. „Die Kollegen, die das länger machen, haben sich alle mehr oder weniger glücklich damit arrangiert. Ihre Ehen zuhause sind geschieden oder einfach eingeschlafen. Sie haben irgendwo ,einen Schatz', den sie besuchen, wenn sie mal in der Nähe sind."

Ihr Freund ist auch Schauspieler. Er gehört seit einem Jahr zum Ensemble eines Kindertheaters, „will aber da weg", wie sie es sagt. Die beiden kennen sich seit der Ausbildung, und „das verbindet uns". Sie haben sich mehrmals getrennt, aber immer wieder zusammengefunden („Einer ist für den anderen so etwas wie ein Notnagel. Wenn nichts mehr hält, wenn wir beide am Ende sind, rücken wir immer wieder zusammen.") Was er macht, wenn sie weg ist, weiß sie nicht. Sie will es auch nicht wissen, sagt sie. „Ich selbst habe das Gefühl, daß ich etwas verpasse, wenn ich ihm treu bin, daß das Leben an mir vorbeiläuft und ich nichts davon habe. Dieses Herumreisen ist schon nervend genug. Da muß ich nicht noch leben wie ein Mönch."

Die Schauspielerin glaubt allerdings, daß es nicht an der räumlichen Trennung liegt („Ich würde das auch tun, wenn wir zusammen ein nettes kleines Reihenhaus hätten"), sondern an der Qualität der Beziehung. „Wir sind nicht gleichberechtigt. Ihm geht es eigentlich immer schlecht, und ich soll ihn da raus holen. Manchmal spiele ich diese Mama-Rolle, aber immer will ich es nicht. Umgekehrt hilft er mir kaum, wenn ich es mal gebrauchen könnte. Ich glaube, wenn ich einen Mann kennenlernen würde, bei dem das anders wäre, würde ich auch anders leben – gleichgültig, ob zusammen oder auf Distanz. Die Distanz erleichtert solche Seitensprünge natürlich. Wenn man innerlich bereit ist, sich darauf einzulassen, verführt sie geradezu."

Glaubt man der Statistik, so geben knapp die Hälfte aller Partnerschafts-Pendler zu, gelegentlich untreu zu sein. Dabei ist mit Untreue fast immer ein sexueller Seitensprung gemeint, der keineswegs zum Ende einer Beziehung führen muß. Aus anthropologischer Sicht folgt der Mensch sogar einem Urinstinkt, wenn er sich – nach drei bis fünf Jahren mit demselben Partner – auf die Suche nach einem neuen macht. Das ist der Zeitraum, den ein Kind braucht, um aus der symbiotischen Beziehung zu seinen Eltern herauszuwachsen. Dem Naturgesetz folgend, tun sich demnach Mann und Frau zusammen, um sich fortzupflanzen, wie wir es aus dem Tierreich kennen. Sie zeugen ein Kind, das von der Mutter mindestens drei Jahre lang gestillt und umsorgt wird. Dem Vater fällt in dieser Zeit die Aufgabe zu, seine Brut von außen zu versorgen und zu beschützen. Damit wird nicht die Liebe definiert, sondern ein biologischer Trieb, der in unserer Gesellschaft als das wichtigste Kriterum gilt, um Treue und Untreue zu definieren. „Eigentlich Quatsch", findet ein Mann mit Fernbeziehung, „ein gutes Gespräch mit einer Frau, die mich fasziniert, wäre für mich gefährlicher als ein One-night-stand mit einer Frau, die mich nicht sonderlich interessiert." Doch per Definition, an die sich die meisten halten, fängt die Untreue da an, wo das Gespräch aufhört.

Vor diesem Moment haben viele „Shuttles" Angst, die es mit der Treue ernst nehmen wollen. Eine Studentin berichtet: „Ich weiß nicht, was passieren würde, wenn ich mich wirklich in jemand anderes verlieben würde. Es ist bisher noch nicht vorgekommen, aber ich habe Angst davor, solange mein Freund nicht bei mir wohnt. Wenn ich merke, daß es mit jemanden funken könnte, ziehe ich mich schnell zurück. Ich will nicht in Konflikte kommen, denn wenn jemand wirklich nah an mich heran käme, hätte er ungleich bessere Chancen als jemand, der fast nie da ist."

Untreue kann – wie in anderen Beziehungen auch – zum Ende einer Fern-Liebe führen. Doch meistens ist das nur der Fall, wenn einer der beiden Partner jemanden kennenlernt, mit dem es ernst geworden ist, sich also neu verliebt und die Beziehung mit dem fernen Freund oder der fernen Freundin beendet. Wirklich bedroht ist eine Beziehung demnach nur dann, wenn eventuelle Nebenbuhler nicht nur das Bett, sondern auch das Herz und den Kopf erobern.

Es ist überraschend, wieviele „Shuttles" betonen, daß ein Seitensprung ihres Partners oder ihrer Partnerin aus Einsamkeit oder Langeweile oder sonstigen Gründen (die nichts mit echter Liebe zu tun haben) sie nicht interessiere. Menschen mit längerer Fernbeziehungs-Erfahrung scheinen in diesem Punkt sehr reif zu sein – sei es aus praktischer Erfahrung, aus theoretischer Erkenntnis oder aus einem pragmatischen Selbstschutz heraus, zu dem sie ihre Situation zwingt. Eine Frau sieht als einziges Problem dabei das Aids-Risiko: „Wir haben darüber gesprochen – eher abstrakt. So nach dem Motto: Jeder muß wissen, was er tut, aber er darf keinen anderen Menschen in Gefahr bringen. Ich gehe davon aus, daß er verstanden hat, wie ich das meine. Ich vertraue ihm und hoffe, daß er es mir sagt, wenn er meint, daß Gefahr besteht. Das wäre natürlich ein Hammer, aber man kann ja nicht einfach so tun, als gäbe es kein Aids."

Gerät eine Fernbeziehung tatsächlich ernsthaft in Gefahr, so stehen die Partner häufig vor der Entscheidung: Ist das das Ende unserer Liebe (was bedeutet, daß wir auseinandergehen)? Oder nehmen wir das zum Anlaß, die Fernbeziehung zu beenden und – als letzten Rettungsversuch – zusammenzuziehen? Ein Paar hat ein halbes Jahr gebraucht, um in einer solchen schwierigen Situation eine Entscheidung zu treffen.

Die beiden lernten sich auf einer Reise kennen. Sie war seinerzeit Single, er lebte in einer festen Beziehung mit einer Frau, mit der er ein Kind hat. Als die beiden sich ineinander verliebten, waren beide sicher, daß sie zusammengehören. Doch zwischen ihnen war seine Lebensgefährtin mit dem Kind und eine Entfernung von fünfhundert Kilometern. Die beiden verabredeten sich erst einmal nur am Wochenende in aller Heimlichkeit. Da er beruflich viel unterwegs war, fiel es zuhause nicht auf. „Ich glaube, ihm gefiel dieses Doppelleben ganz gut", sagt sie im nachhinein. „Aber für mich war das unerträglich. Eine solche Entfernung zu bewältigen, ist schon schwierig genug. Wenn dann noch andere Geschichten dazu kommen, hat man einfach keine ausreichende Perspektive." Nach drei Monaten Hin- und Herfahren setzte sie ihm ein Ultimatum: Er sollte sich für eine Frau entscheiden. Doch er konnte es einfach nicht. Er hielt sie hin: Das Haus, das gemeinsame Kind, sein Beruf – all das könne er doch nicht einfach aufgeben, er brauche mehr Zeit, sagte er. Sie wollte ihn nicht mit einer Frau teilen, „die den absoluten Heimvorteil in jeder Beziehung hat" und trennte sich schließlich. „Ich wäre sonst wohl ewig seine Zweitfrau in der Ferne geblieben."

Stichwort „Eifersucht" – Vertrauen ist besser als Kontrolle

„Ich bin überhaupt nicht eifersüchtig. Ich vertraue ihm einfach. Schließlich wußten wir ja beide, worauf wir uns einlassen, wenn wir nicht mehr zusammenleben können." Diese Aussage einer 35jährigen verheirateten Frau klingt so vernünftig, daß man sie fast nicht glauben mag. Kann eine Fernbeziehung ganz ohne Eifersucht funktionieren? Wenn ja, dann gehört schon sehr viel Sicherheit dazu. Wer glaubt, überhaupt nicht eifersüchtig zu sein, gesteht sie sich vielleicht nur nicht ein. Immerhin gaben mehr als die Hälfte aller befragten Distance-Lover im Rahmen der bereits erwähnten Umfrage der Gesellschaft für rationelle Psychologie zu, extrem eifersüchtig zu sein. Eifersucht ist ein überaus häufiges Phänomen – nicht nur unter Menschen, die von ihren Lebenspartnern getrennt leben. Das Ergebnis einer Studie über Eifersucht, die die australischen Psychiater P. E. Mullen und J. Martin durchführten, lautete: Jeder der Befragten gab an, irgendwann im Leben einmal von Eifersucht geplagt worden zu sein.

Große Unsicherheit herrscht häufig am Anfang einer Fernbeziehung. „Als ich ihn zum ersten Mal nachts um drei Uhr nicht erreichte, war ich völlig fertig. Solange hat doch keine Kneipe auf, dachte ich. Bis fünf habe ich es weiterprobiert. Ich habe dabei geheult und war sicher, daß jetzt alles aus ist. Um halb sechs ging er dran. Er war noch mit Freunden in deren Wohnung zum Feiern gewesen. Die Welt war wieder in Ordnung. Wir verschliefen beide den halben Sonntag und klärten dann alles in Ruhe. Im nachhinein verstehe ich gar nicht, warum ich mich so aufgeregt habe. Aber es lag wohl daran, daß es das erste Mal war und ich noch keine Erfahrung mit Umgang mit solchen Situationen hatte. Inzwischen bin ich da sicherer", erzählt eine „Shuttle"-Frau.

Mit zunehmender Zeit scheint sich die Eifersucht etwas zu legen. Eine Frau, deren Mann nach drei Jahren Zusammenleben in eine andere Stadt zog, berichtet: „Es war schon ein komisches Gefühl, als wir anfingen, für ihn ein Zimmer zu suchen und zum Beispiel im Möbelladen ein Bett auswählten. Ich konnte solche Gedanken wie ‚wer weiß, ob er da wirklich immer allein drin liegt' einfach nicht abstreifen. Jede Veränderung, die ich bei meinen Wochenendbesuchen in seinem Zimmer feststellte, machte mich stutzig. Plötzlich hing ein neuer Anzug im Schrank. Er kaufte sonst nie Anzüge allein. War das jetzt das Ergebnis seiner neuen Selbständigkeit, oder steckte eine neue Frau dahinter? Warum erreichte ich ihn abends manchmal eine Stunde lang weder im Büro noch zuhause, wo sein Heimweg doch maximal eine halbe Stunde dauerte? Ich wollte ihm nicht nachspionieren. Er sollte nicht das Gefühl haben, daß ich ihn überwachen will. Also fragte ich auch nicht. Im Laufe der ersten Zeit klärten sich manche Knackpunkte von allein. Beim Stadtbummel zeigte er mir einen Laden, an dem er jeden Abend nach Dienstschluß vorbeikam und in dem er sich den Anzug gekauft hatte. Ungefragt erzählte er von einem Kollegen, mit dem er mal abends Essen war. So kam eins nach dem anderen heraus, und ich war froh, daß ich mich nicht eingemischt hatte. Ich gewöhnte mich wohl daran und witterte nicht mehr bei jeder Gelegenheit Verrat. Eifersüchtig bin ich aber in bestimmten Situationen immer noch. Wenn es zum Beispiel eine Kollegin ist, mit der er Essen geht, und kein Kollege. Andererseits beruhigt es mich auch, wenn er von Treffen mit anderen Frauen erzählt. Würde er es nicht tun, müßte ich eher vermuten, daß es etwas Ernstes ist."

Ein Paar, das sich entscheidet, getrennte Weg zu gehen, sollte sich darüber im klaren sein, daß die Freiheit des einen die Ängste des anderen hervorrufen kann. Im Leben als „Shuttle" werden immer wieder Situationen entstehen, die die Eifersucht schüren. „Besonders schwierig wird es, wenn wir uns abstrakt theoretisch gegenseitig Dinge zugestehen, von denen wir dann abrücken, sobald sie konkret praktisch werden", sagt ein Mann, der immer „daran knabbert", wenn seine Freundin in der Ferne abends mit anderen unterwegs ist. „Als wir uns trennten, haben wir gesagt: Okay, jeder hat seinen Freundeskreis und seine Freiheit, kann machen, was er will, solange der andere nicht da ist. Nur wenn es ernst wird, also wenn einer sich in einen anderen verlieben sollte, dann wollten wir fair bleiben, uns richtig trennen und nicht betrügen. Doch so leicht ist das nicht. Ich habe keinen eigenen Freundeskreis – so, wie sie ihn hat. Wenn sie weg ist und ich sie nicht erreiche, dann bin ich eifersüchtig. Jedes Mal habe ich Angst, daß sie am Tag danach anruft: Es ist aus, ich habe gestern einen anderen kennengelernt."

Hier wird deutlich, daß die eigene Unsicherheit häufig der Anlaß zur Eifersucht ist. Das, was sie hat, nämlich einen eigenen Freundeskreis, fehlt ihm, und das macht ihn unsicher. Aus psychologischer Sicht leiden eifersüchtige Menschen häufig an Minderwertigkeitsgefühlen. Sie gelten als schnell aggressiv und in starkem Maße abhängig von Normen. Sie nehmen nicht sich selbst als Maßstab und haben deshalb Probleme, sich allein zu verwirklichen. Der Partner soll bei ihnen die eigenen Mängel kompensieren. Im Extremfall kann ein äußerst eifersüchtiger Mensch sogar seinen Partner töten – angeblich aus Liebe, in Wirklichkeit aber, weil er nichts mehr fürchtet, als von ihm verlassen zu werden.

Wichtige Voraussetzung für das Funktionieren einer Fernbeziehung ohne zermürbende Eifersucht ist die Selbstsicherheit und Selbständigkeit beider Partner. Jeder allein muß sich seiner Sache sicher sein, sonst bleibt einer dabei auf der Strecke, was sich in Eifersucht äußern kann. „Stabilität der Gefühle" heißt die Zauberformel. Die Abkehr von der Eifersucht darf dabei nicht mit Desinteresse verwechselt werden. Denn ein weiterer Grund für Eifersucht ist die Angst, als Mann oder als Frau für den Partner nichts mehr wert zu sein, nicht mehr von ihm begehrt zu werden und sich selbst nicht mehr attraktiv zu finden. Nur wer ehrlich zu sich selbst ist, weiß, ob einer den anderen gewähren läßt, ohne eifersüchtig zu sein, weil er nicht mehr an ihm interessiert ist, oder weil er sicher um die Stabilität der Gefühle weiß.

Auch in Partnerschaften, in denen Mann und Frau ständig zusammenleben, spielt Eifersucht eine Rolle – in manchen eine kleine, eher nebensächliche, in anderen ist sie immer wieder Anlaß für große Dramen. Wer seinen Partner in einer „normalen" Ehe oder Beziehung vor lauter Eifersucht am liebsten nicht allein aus dem Haus lassen würde, sollte sich gar nicht erst auf eine Fernbeziehung einlassen. Denn dann sind ihm fast alle Kontrollmöglichkeiten entzogen.

Die meisten „Shuttles" setzen auf Vertrauen, weil ihnen nichts anderes übrig bleibt. Ihre selbstgewählte Lebensweise zwingt sie zu diesem Kompromiß. Sie wissen um ihre Möglichkeiten zur Untreue gegenüber dem Partner und kennen die damit verbundenen Gefahren. Viele Paare schließen „Verträge" ab oder treffen Absprachen, in denen sie festlegen, was erzählt wird und was nicht – um sich abzusichern und um Anlässe zur Eifersucht in Grenzen zu halten.

Stichwort „Kinder" – Nestbau statt Distanz

Wie in vielen Zitaten bereits deutlich wurde, schaffen Kinder verschärfte Bedingungen für Fernbeziehungspaare, die ohnehin schon großen Zerreißproben ausgeliefert sind. Verlangen sie doch – zumindest solange sie noch klein sind – ziemlich alles, was Pendler-Paare selten zu bieten haben: ein festes, sicheres Zuhause, einen Menschen, der zuverlässig für sie da ist, wenn sie ihn brauchen, regelmäßige Mahlzeiten, einen geregelten Tagesablauf, einen funktionierenden Haushalt, Betreuung rund um die Uhr – entweder von den Eltern selbst oder von perfekt organisierten Tagesmüttern, Babysittern, Nachbarn oder Großeltern. Einen Haushalt mit zwei kleinen Kindern zu organisieren, ist bereits ein Full-Time-Job, wie Mütter wissen. Berufstätige Frauen kommen ohne Hilfe von außen gar nicht zurecht und haben, auch wenn die Kinder während ihrer Arbeitszeit betreut werden, noch alle Hände voll zu tun, wenn sie nach Dienstschluß zuhause ankommen. In dieser Phase noch Zeit und Kraft für lange Reisen aufzubringen, erscheint den meisten unmöglich.

So gibt die Geburt eines Kindes häufig den Ausschlag, aus einer Fernbeziehung eine zusammenlebende Familie zu machen. „Spätestens wenn wir ein Kind haben, wollen wir zusammenziehen", sagen die meisten jüngeren „Shuttles". Da viele Frauen nach dem ersten Kind ihren Beruf eine Zeitlang aufgeben, haben sie dadurch auch die Möglichkeit, Erziehungsurlaub zu nehmen und zu ihrem Lebensgefährten zu ziehen, ohne ihren Job zu verlieren. Das ist jedoch für die meisten nur eine Übergangslösung. Nach drei Jahren (solange dauert der gesetzliche Erziehungsurlaub zur Zeit maximal) müssen sie spätestens entscheiden, wie es weitergeht. Eine Kölnerin, die mit ihrem Mann diesen Weg gehen wollte, machte Erfahrungen, die sehr typisch für diese Situation sind:

„Drei Tage, nachdem unser Baby auf die Welt gekommen war, bekam mein Mann ein Angebot für eine Stelle, um die er sich schon lange bemüht hatte. Auf dem Posten, den er bis dahin hatte, war er ganz unglücklich. Er hatte schon angefangen, sich wegzubewerben, als er einen Monat dabei war. Doch fast zwei Jahre lang klappte nichts. Wir waren immer auf Abruf. Er war bereit, überall hinzugehen, nur um da heraus zu kommen. Anfangs wollte ich aus diesem Grund kein Kind – unsere Zukunft war mir zu unsicher. Doch dann wurde ich schwanger, und wir sagten: Gut, warten wir ab, was kommt. Als die Zusage kam, war es für uns klar, daß er – trotz des Babys – gehen würde. Ich wollte ein Jahr zuhause bleiben und ihm nachreisen. Anfangs war es auch ganz lustig. Wir zogen nach Österreich – mal ins Hotel, mal mieteten wir ein Ferienappartement. Unsere Kölner Wohnung hatten wir für ein halbes Jahr untervermietet. Für mich war es wie Urlaub – allerdings nur in den ersten Wochen. Danach wurde ich unzufrieden. Ich schob meinen Kinderwagen durch die Berge, ging einkaufen, kochte und wartete auf ihn. Mir wurde schnell klar, daß es nicht das Leben ist, das ich will. Nach dem ersten halben Jahr ging ich allein zurück nach Köln. Ich wollte wenigstens stundenweise wieder arbeiten, wieder mit meinen alten Bekannten zusammensein. Das ist doch etwas anderes als mit den Touristen in Österreich. Meine Mutter übernahm das Kind, während ich arbeitete. Besser war das schon, aber ohne Mann auch traurig. Ich weiß nicht, wie es weitergegangen wäre, wenn wir nicht durch Zufall gehört hätten, daß eine Firma seiner Branche neue Leute sucht, weil ein ganzes Team dort gekündigt hatte. Es erschien uns zuerst unglaublich: Eine Firma, die ihn früher abgelehnt hatte, wollte ihn jetzt haben, weil die jemanden suchten, der das konnte, was er in Österreich machte. Zu Weihnachten waren wir wieder zusammen."

Ein Kind zu haben, das weckt häufig auch den Wunsch, seßhaft zu werden, ein Nest zu bauen, zu wissen, „wo ich hingehöre", wie es eine Frau formuliert. In dieser Phase manifestiert sich der Wunsch, auch den Partner immer bei sich zu haben. „Meine Freundin und ich hatten uns während ihrer Schwangerschaft im frühen Herbst voneinander verabschiedet, weil wir uns zwei Monate nicht treffen konnten. Als ich wegfuhr, sah man kaum etwas von dem Baby. Als ich dann am Nikolaustag bei ihr vor der Tür stand, hatte sie einen dicken Babybauch. Ich hätte sie fast nicht wiedererkannt und nahm mir vor, meine

‚kleine Familie' nie wieder so lange allein zu lassen. Ich wollte mein Kind aufwachsen sehen", sagt ein Vater, der inzwischen mit seiner damaligen Freundin verheiratet ist, zusammenlebt und zwei Kinder mit ihr hat.

Trotz aller Romantik sehen es vor allem die „Shuttle"-Frauen realistisch, daß ein Kind nicht nur beglückend ist, sondern auch viel Arbeit und Sorge mit sich bringt. Für manche ist das ein Grund, sich ganz gegen Kinder zu entscheiden. Eine Frau berichtet: „Ich habe mich vor fünf Jahren schweren Herzens für eine Abtreibung entschieden. Ich hatte damals einen Freund, der achthundert Kilometer entfernt von mir wohnte. Als ich ihm am Telefon von der Schwangerschaft erzählte, war er begeistert. Süß, klar kriegst du das, hoffentlich wird es ein Mädchen und so weiter. Als ich ihm sagte, daß wir dann zusammenziehen müßten, daß er die Verantwortung mit übernehmen sollte, vielleicht sogar seinen Beruf aufgeben, fand es das überhaupt nicht süß. In der Beziehung war er einfach ein Kind. Ich wußte, daß ich ganz schnell allein mit dem Baby dasitzen würde. Ich habe Freundinnen, bei denen ich mitkriege, wie es läuft, wenn man allein mit einem Kind ist. Ich wollte das nicht."

Es gibt kaum ein realistisches Modell, dem zufolge eine Distanz-Beziehung mit kleinen Kindern funktionieren könnte – zumindest nicht nach den Ansprüchen, die gleichberechtigte „Shuttles" sonst an ihre Partnerschaft stellen. Für denjenigen, der die Kinder hat, bedeutet es immer eine berufliche Einschränkung oder eine starke Belastung zuhause. Für den anderen, der das Familienleben nur aus der Ferne beobachtet, heißt es Verzicht auf Liebe, auf Nähe, auf das Dabeisein und das „Miterleben, wie die Kinder aufwachsen".

Wenn die Kinder größer und nicht mehr auf Dauer-Versorgung angewiesen sind, wäre es theoretisch möglich, sie „gerecht auf beide Eltern zu verteilen", doch praktisch ist es so gut wie ausgeschlossen. Spätestens wenn sie in den Kindergarten gehen, haben sie ihren Freundeskreis, von dem sie sich nicht ohne weiteres trennen lassen. Sind sie in der Schule, kommen nur noch die Ferien für Besuche bei Papa oder Mama in der Ferne in Frage – doch auch das bringt für Berufstätige Probleme. Wohin sollen sie, wenn man arbeiten muß?

Das „Regelmodell" der Fernbeziehung mit Kindern sieht trotz aller Gleichberechtigungsansprüche wenig gleichberechtigt aus: Die Kinder leben bei der Mutter, die den Alltag mit ihnen allein und ihrem Beruf in Einklang bringt oder gar nicht arbeitet. Der Vater kommt am Wochenende zu Besuch. Die Mutter ist „gestreßt und genervt, weil ich immer alles allein machen muß", der Vater traurig, weil seine Kinder ihn kaum kennen.

Eine Frau, die das erste Jahr mit ihrem ersten Kind so gut wie allein verbrachte, weil ihr Mann im Ausland war, fühlte sich währenddessen häufig „fix und fertig". „Das nächste Kind kannst du haben, sobald ich es auf die Welt gebracht und gestillt habe", kündigte sie ihrem Mann seinerzeit an. Tatsächlich gelang es dem Paar, das ungewöhnliche Modell auch

„durchzuziehen" – gegen alle erdenklichen Widerstände. Vor allem sein Chef stellte sich quer und wollte verhindern, daß er ein Jahr Erziehungsurlaub machte. Auch von Drohungen („Ihre Karriere können Sie dann vergessen") ließ er sich nicht einschüchtern. „Meine Familie war mir in der Zeit wichtiger als meine Karriere", sagt er. Auch seine Frau, die während seines Erziehungsurlaubes zwar nicht wegzog, aber ganztags ins Büro ging („Ich mußte mich auch mal profilieren. Nachdem ich im ersten Jahr oft gefehlt hatte, nur drei Stunden am Tag da war und immer pünktlich gehen mußte, bekam ich nur noch langweilige Routineaufgaben zugewiesen. Das änderte sich sofort, als die merkten, daß ich jetzt auch zu Überstunden bereit war"), sieht es gelassen: „Ich habe durch die Kinder auch Nachteile im Beruf gehabt."

Auf ungewöhnliche Weise gelang es einer Familie mit Kindern, eine Distanzbeziehung zu schaffen, die „lebbar ist", wie das Paar es erfahren hat, das seit zehn Jahren verheiratet ist und zwei kleine Söhne hat (ein und drei Jahre alt). Sie berichtet: „Wir sind sehr unterschiedliche Typen und haben sehr unterschiedliche Ansprüche an eine Partnerschaft. Solange wir keine Kinder hatten, fiel das im Alltag nicht so sehr ins Gewicht. Jeder machte, was er für wichtig hielt. Wenn einer aufräumte und der andere alles liegen ließ, lebten wir eben damit. Als die Kinder kamen, war das vorbei. Man muß einen Haushalt viel strenger organisieren, wenn Kinder da sind. Es geht einfach nicht, daß mal keine Milch im Kühlschrank ist und gleichzeitig das

Milchpulver leer. Die Strafe ist eine schlaflose Nacht: Das Baby schreit und schreit, weil es seine Flasche braucht. Dann konnte ich nachts in die Notapotheke rennen und Milchpulver besorgen. Es kamen immer mehr solche Sachen zusammen, die unsere Beziehung belasteten, fast sogar zerstörten, obwohl wir uns immer noch liebten. Da kamen wir auf die Idee, zwei kleine Wohnungen statt einer großen zu mieten. Jede Wohnung bekam ein Kinderzimmer und eins für einen Erwachsenen. Die Kinder wohnen jetzt wochenweise abwechselnd bei mir und bei ihm. Wenn ich kinderfrei habe, kann ich wirklich tun und lassen, was ich will, und muß nicht mehr die Aufgaben übernehmen, die er eigentlich machen sollte, aber einfach nicht macht. Wir brauchen unsere Energien nicht mehr für diese Kleinkriege zu verschwenden. Wenn wir zusammen sein wollen, besucht einer den anderen. Die Kinder gehen tagsüber in die Krippe und werden von dem gebracht und geholt, der Kinderdienst hat. Im Urlaub und an Wochenenden sind wir immer alle vier zusammen. Die meisten Leute denken, wir sind getrennt, weil es so ungewöhnlich ist. Die Kinder sind noch zu klein, um das richtig zu verstehen. Daß sie jetzt zwei Kinderzimmer haben, finden sie toll. Im Alltag vermissen sie natürlich manchmal den anderen, aber sie können ihn ja immer wieder sehen. Auch früher hat unser Großer oft nach Mama geschrien, wenn nur Papa da war und umgekehrt. Doch im großen und ganzen ist es auch für sie schöner, glaube ich, weil sie unseren Streit nicht mehr mitanhören müssen."

Daß diese Distanz-Beziehung mit Kindern funktioniert, liegt vor allem daran, daß die beiden Wohnungen der Familie nur ein paar Straßen voneinander entfernt liegen. Wären sie in verschiedenen Städten, so sind alle Beteiligten sicher, wäre es unmöglich, ein solches Modell zu verwirklichen.

„Die Fernbeziehung als Zukunftsmodell ist denkbar" – Interview mit Diplom-Psychologin Ute Sierau

Ute Sierau ist Klinische Psychologin/Psychotherapeutin BDP (Berufsverband Deutscher Psychologinnen und Psychologen) in Hamburg und arbeitet in der Erwachsenenbildung. Sie hat selbst sechs Jahre lang in einer Fernbeziehung gelebt.

– Gibt es Menschen, die für eine Fernbeziehung besonders „geeignet" sind?

– Fernbeziehungen, wie wir sie heute kennen, sind meistens nicht das Ergebnis einer ganz freien Entscheidung. Kaum jemand sagt von sich ‚Ich liebe meine Freiheit und suche eine Fernbeziehung'. Die Pendel-Partnerschaften sind in der Regel durch äußere Umstände erzwungen. Das bedeutet, daß ein Paar sich mit der Situation der Trennung arrangieren muß und sich nicht den Partner danach auswählen kann, ob er ‚fernbeziehungstauglich' ist oder nicht. Wie gut das Arrangieren gelingt, hängt von der Art und der Qualität der Beziehung ebenso ab wie von den Ansprüchen beider Partner an ihre Partnerschaft.

– *Welche Eigenschaften sind wichtig, damit die Partnerschaft trotz räumlicher Trennung hält und damit aus dem Schicksal Chancen werden?*

– Die wichtigste Voraussetzung ist, daß beide Partner gleichberechtigt und selbständig sind, daß sie nicht zu stark voneinander abhängig in einem symbiotischen Verhältnis leben, daß jeder seine eigenen Bereiche hat, in denen er auch ohne den anderen zurechtkommt. Wenn das gegeben ist oder erreicht wird, kann eine räumliche Trennung für den einzelnen in mancher Hinsicht sogar ein Gewinn werden.

– *Kann ein Paar „abchecken", ob es für eine Wochenend-Beziehung geeignet ist, bevor es sich darauf einläßt?*

– Sicherlich nicht bis in die letzte Konsequenz. Man kann jedoch schon vorher versuchen herauszufinden, was auf einen zukommt. Wenn die äußeren Umstände geklärt sind – zum Beispiel Fragen wie „Wer fährt wann? Wer sucht eine neue Wohnung? Wie teilen wir Zeit und Kosten? etc." –, sollte ein Paar auch eine Art „Gefühlslogistik" entwickeln.

– *Wie geht das?*

– Man kann zum Beispiel durch Assoziations-Übungen einiges über die eigenen Gefühle erfahren, was man sonst nicht ohne weiteres zuläßt. Ich würde einem Paar, dem eine mögliche Trennung bevorsteht, zum Beispiel folgendes raten: Getrennt voneinander soll jeder fünf Minuten lang aufschreiben, was eine Fernbeziehung für ihn bedeuten würde. Ob Freiheit, Angst oder Eifersucht – es geht vor allem darum, spontan zu assoziieren. Danach sollte das Paar – eventuell auch mit Hilfe eines Dritten – darüber reden. Wenn überwiegend Negatives dabei herauskommt, kann das ein Alarmsignal sein, ein klares Zeichen für eine innere Ablehnung. In diesem Fall sollte das Paar versuchen, die räumliche Trennung zu vermeiden.

– *In vielen Beziehungen geht das nicht ohne weiteres. Was ist, wenn das Paar keine andere Wahl hat?*

– Dann muß es den Sprung ins kalte Wasser wagen und versuchen, sich dafür zu motivieren. Das heißt, den Blick auch in ungewollten Situationen auf etwas Positives zu richten. Manchen Menschen gelingt das immer wieder; andere tun sich sehr schwer damit, positiv zu denken. Auch hier kann eine Übung Klarheit schaffen: Beide Partner sollten fünf Minuten lang nur positive Aspekte des Getrennt-Lebens aufschreiben. Irgendetwas gibt es immer. In diesem Zusammenhang spielt auch das Phänomen der „Selbsterfüllenden Prophezeiungen" eine Rolle, wie sie Paul Watzlawick beschrieben hat. Wenn ich an eine Sache mit sicherer Erfolgserwartung herangehe, sind meine

Chancen sehr viel größer, daß daraus kein Reinfall wird, als wenn ich von Anfang an nur darauf warte, daß es schief geht, weil ich es eigentlich nicht wollte. Wer sich sehr widerwillig trennt, sollte sich auf jeden Fall Perspektiven schaffen, sich zeitliche Grenzen setzen, um die Situation erträglicher zu machen.

– *Nun sind sich die Partner ja nicht immer einig. Was bedeutet es, wenn einer die Trennung gerne will, der andere sie aber völlig ablehnt?*

– Das ist meistens ein Zeichen dafür, daß es in der Beziehung Probleme gibt, die andere Ursachen haben. Zum Beispiel, daß einer sehr viel stärker vom anderen abhängig ist als umgekehrt. Ich habe das bei einem Paar einmal erlebt, bei dem sie sehr viel jünger war als er. Er wollte ins Ausland gehen, sie – seinerzeit Studentin – sollte zuhause bleiben. Sie war völlig verzweifelt, weil sie glaubte, ohne ihn nicht zurecht zu kommen. Er ging trotzdem, und sie merkte in der Zeit des Alleinseins, wie stark sie von ihm abhängig geworden war. Als er zurückkam, ging die Beziehung in die Brüche. Die beiden paßten nicht zusammen.

– *Kann eine Fernbeziehung auch eine Flucht sein vor Nähe, vor Verantwortung?*

– Die meisten Fernbeziehungen sind ja vorübergehend und nicht bewußt gewählt. Da ist das sicher nicht der Fall. Wenn sich aber jemand immer wieder aufs neue weit weg lebende Partner sucht, ist das kein Zufall mehr. Wahrscheinlich besteht ein Vorbehalt, der den letzten Schritt in eine feste Beziehung verhindert. Die Wochenend-Liebe verleiht einem den Status eines festliierten Menschen, was vor gesellschaftlichem Druck schützt. Im Inneren muß der Betroffene sich aber nicht wirklich auf eine Beziehung einlassen. Jüngere Leute, die aus sehr engen konservativen Familien kommen, suchen in der Fernbeziehung häufig eine neue, freiere Lebensform, die anders ist als die ihrer Eltern. Mit zunehmendem Alter nimmt dieser Rebellionsdrang allerdings meistens wieder ab. Frauen zögern mit auffallend häufigen oder sehr langen Fernbeziehungen manchmal unbewußt die Familiengründung hinaus. Einerseits wollen sie Kinder haben und eine Familie gründen, andererseits haben sie Angst davor, weil sie wissen, daß ihnen damit viel Freiheit und Selbständigkeit verlorengeht. Ein Freund in der Ferne ist für viele Frauen ein guter Grund, erst einmal keine Kinder zu bekommen.

– *Schließt eine Fernbeziehung ein Familienleben aus?*

– Nicht unbedingt. Aber Frauen, die in einer solchen Situation Kinder bekommen, sollten sich darüber im klaren sein, daß sie die meiste Zeit Alleinerziehende sind. Das muß nicht immer schlecht sein. Es gibt auch sehr zufriedene Mütter, die mit ihren Kindern allein leben. Vor allem hat eine Frau, deren Mann woanders sein Geld verdient, einen sehr viel besseren gesellschaftlichen Status als eine getrennt lebende oder geschiedene Frau mit ihren Kindern. Sie hat nur niemanden, der ihr im Alltag hilft.

– *Ist die Fernbeziehung ein Zukunftsmodell?*

– Ja, ich denke, daß sie es wird. Wir können es uns heute nur noch nicht so richtig vorstellen. Unsere Gesellschaft befindet sich im Wandel. Die Mobilität wird zunehmen. Die Kleinfamilie ist dabei, sich aufzulösen. Daß auch Frauen einen anspruchsvollen Beruf haben, wird immer selbstverständlicher. Heute ist eine gleichberechtigte Pendler-Partnerschaft für die meisten nur vorübergehend und ohne Kinder akzeptabel. Irgendwann wird möglicherweise auch die nomadisierende Familie ‚normal' sein, also erwünscht und keine Ausnahme mehr. Man muß hierbei die subjektiven gesellschaftlichen Bedürfnisse sehen. Da wird die Psychologie nachziehen – wie in vielen Dingen, die früher unzumutbar erschienen, auch. Vielleicht gibt es irgendwann die Mobile Schule. Oder warum sollte ein Kind nicht ein Jahr beim Vater und im nächsten bei der Mutter leben, in die Schule gehen, seinen Freundeskreis haben? Wenn Kinder damit nicht – wie es derzeit noch der Fall ist – gesellschaftliche Normen brechen würden, würden sie das wohl verkraften, wahrscheinlich sogar besser, als wir es uns heute vorstellen können.

Teil III
Tips und Tricks für die Liebe auf Distanz

1. Kapitel
Wie man das Finanzamt an den Kosten beteiligt

„Mehraufwendungen für doppelte Haushaltsführung" lautet das Stichwort für „Shuttle"-Paare bei der Steuererklärung. Dabei geht es darum, möglichst viele Kosten, die aufgrund der getrennten Wohnsitze entstehen, geltend zu machen und sie von der Steuer abziehen zu lassen. Die Begriffsbestimmung ist kurz, ihre Auslegung kann aber kompliziert werden. Eine doppelte Haushaltsführung liegt vor, wenn der Arbeitnehmer außerhalb des Ortes, in dem er einen eigenen Hausstand unterhält, beschäftigt ist und auch am Beschäftigungsort wohnt, heißt es im Einkommenssteuergesetz. Damit man die Kosten („Mehraufwendungen") geltend machen kann, muß die doppelte Haushaltsführung aus beruflichem Anlaß erfolgen.

Dies galt eine Zeitlang nur für Verheiratete, ist aber inzwischen im Zuge der neuen Rechtssprechung auch bei Unverheirateten möglich. Die klassische Variante für die Anerkennung von Mehraufwendungen für doppelte Haushaltführung sieht folgendermaßen aus: Eine Familie bewohnt eine gemeinsame Wohnung, bis der Mann in eine andere Stadt versetzt wird. Frau und Kinder bleiben zuhause. Der Einsatzort des Mannes ist so weit entfernt, daß er die Heimreise nicht täglich antreten kann. Er sucht sich also eine Wohnung in der Stadt seines Arbeitgebers und fährt jedes Wochenende zu seiner Familie. Umgekehrt gilt das auch für Frauen. Wenn die Ehefrau mit den Kindern umzieht, weil sie an einem anderen Ort eine Stelle findet, hat das Paar ebenfalls die Möglichkeit, Mehraufwendung für doppelte Haushaltsführung als Werbungskosten geltend zu machen.

Nach einem Urteil des Bundesfinanzhofes vom 6. Oktober 1994 liegen die Voraussetzungen für doppelte Haushaltsführung für beide Ehepartner vor, wenn sie in einem Ort einen gemeinsamen Wohnsitz haben, aber beide während der Woche an jeweils verschiedenen Beschäftigungsorten leben. Ein Paar hat zum Beispiel seinen Familienwohnsitz in der Stadt A, die zwischen den Städten B und C liegt. Sonntagabends fährt er nach B, wo er arbeitet und eine eigene Wohnung hat, während sie in ihre eigene Wohnung in C reist, wo sie auch ihre Stelle hat. Am Wochenende treffen die beiden sich wieder in A.

Seit Oktober 1994 wird die doppelte Haushaltsführung auch leichter bei Paaren anerkannt, die nicht verheiratet sind. Bis dahin ging das nur unter der Voraussetzung, daß im eigenen Haushalt eines nicht Verheirateten Personen leben, die finanziell von ihm abhängig sind. Sogenannte „Zurechnungspersonen" sind nun nicht mehr Bedingung für die Anerkennung der Kosten bei Unverheirateten.

Sie müssen einen eigenen Hausstand aufweisen, den sie wegen auswärtiger beruflicher Tätigkeit vorübergehend nicht nutzen können, also eine Wohnung haben, die den „Mittelpunkt ihres Lebens" darstellt (Verlobte, Eltern, Freunde und Bekannte können Lebensmittelpunkt sein).

Als Werbungskosten kommen alle Aufwendungen in Betracht, die durch die doppelte Haushaltsführung entstehen. Dazu gehören die Fahrten (Flüge, Bahn, Bus oder eigenes Auto), die am Anfang und am Ende einer doppelten Haushaltsführung fällig werden, die Kosten für eine „Familienheimfahrt" pro Woche (muß tatsächlich gemacht werden, Belege aufbewahren!) oder – statt dessen – ein Telefongespräch von 15 Minuten Dauer mit „Angehörigen des Familienhausstandes". Auch Umzugskosten am Anfang und am Ende des auswärtigen Einsatzes zählen dazu. Steuermindernd geltend gemacht werden zusätzlich Kosten für die Zweitwohnung wie zum Beispiel die Miete oder – unter bestimmten Bedingungen – Besuchsreisen des Ehepartners zum Arbeitsort des anderen und Verpflegungsmehraufwendungen. Einzelheiten wissen Steuerberater. Nach dem Jahressteuergesetz 1996 sollen die Steuer-Spar-Möglichkeiten für Langzeit-„Shuttles" reduziert werden: Die doppelte Haushaltsführung wird dann nur noch für längstens zwei Jahre anerkannt.

2. Kapitel
Bequemer und billiger – eine Frage der Planung

Das Leben als „Shuttle" ist teuer – trotz doppelter Einkommen und Möglichkeiten zur Steuerersparnis. Als Hauptposten schlagen dabei die Fahrtkosten und die zwei Wohnungen zu Buche, die bezahlt werden müssen. Es gibt jedoch ein paar Möglichkeiten, Kosten zu reduzieren. Im Laufe ihrer Fernbeziehungen machen die meisten verschiedene Erfahrungen mit den verschiedenen „Spar-Modellen". Die einen empfinden sie als „Rettung in der Not", andere gewinnen ihnen sogar mehr ab als nur eine geringere finanzielle Belastung, wieder andere sagen, nachdem sie einmal schlechte Erfahrungen gemacht haben: nie wieder.

Hier werden ein paar Spar-Möglichkeiten mit ihren Vor- und Nachteilen aus der Sicht verschiedener Betroffener vorgestellt:

1. Eine Wohnung auf Zeit untervermieten

Das Prinzip ist einfach: Wenn ein Partner beim anderen ist, steht seine eigene Wohnung in der Regel leer und muß trotzdem bezahlt werden. Um das zu vermeiden, sucht er sich einen Untermieter, der in seiner Abwesenheit die Wohnung hütet und ihm dafür die Miete zahlt – vorausgesetzt, der Besitzer der Wohnung ist damit einverstanden (Achtung: In vielen Mietverträgen wird Untervermietung verboten!). Für einen Zeitraum von mehreren Wochen oder Monaten ist es normalerweise in Groß- und Universitätsstädten kein Problem, einen Untermieter zu finden. Doch haben meistens nur Studenten die Möglichkeit, so lange Zeit am Stück nicht in ihrer Wohnung sein zu müssen. Berufstätige schaffen das nur mit vielen Urlaubstagen oder berufsbedingter Abwesenheit, die sich in der Regel auch nicht über Wochen hinzieht. Einen Mieter, der nur am Wochenende eine Wohnung braucht, gibt es nur sehr selten. So kommt eine regelmäßige Untervermietung für die klassischen Wochenend-Beziehungen nicht in Frage. Trotzdem haben einige Möglichkeiten gefunden, wenigstens einen Teil der Miete „weiterzugeben":

– Ein Mann, der in Berlin von Montag bis Freitag eine Zwei-Zimmer-Wohnung bewohnt, hat ein Zimmer davon an einen Professor von außerhalb vermietet, der jeden Freitag für eine Vorlesung nach Berlin kommt. „Wenn ich dann freitags mittags wegfahre, bleibt er auch übers Wochenende in der Wohnung und trifft sich dort mit seiner Lebensgefährtin, die gerne hin und wieder ein Wochenende in Berlin verbringt", berichtet der Mann. „Nicht ganz gerecht, aber unseren Einkommensverhältnissen angepaßt", teilen die beiden sich die Miete jeweils zur Hälfte. Untermieter und Hauptmieter sind mit der Lösung zufrieden. Beide wollen nicht ständig mit einem fremden Menschen zusammenleben, aber haben auch nichts gegen einen gemeinsamen Abend in der Woche.

Eine Studentin fand sogar eine Wochenend-Mieterin, die immer dann ihr Zimmer übernahm, wenn sie selbst bei ihrem Freund war. „Wir kamen nach einer Vorlesung ins Gespräch", berichtet sie. „Die erzählte mir, daß sie in einem Einfamilienhaus bei einem geschiedenen Vater mit drei Kindern ein Zimmer hat und am Wochenende nie zum Arbeiten kommt, weil die Kinder ihr Zimmer regelrecht belagern. Ich habe ihr mein Zimmer für diese Zeit angeboten. Zuerst eigentlich nur aus Spaß. Später einigten wir uns, daß sie es regelmäßig jedes zweite Wochenende haben kann und mir dafür hundert Mark im Monat zahlt. Da sie ihr eigenes Zimmer mit Babysitten bezahlt, fiel ihr das nicht schwer."

Von einem anderen Modell berichtet eine Hamburgerin, die ihren Lebensgefährten in Dresden hat. Durch Zufall erfuhr sie von einer Familie mit einem kleinen Kind, die in einer Zwei-Zimmer-Wohnung lebt. Beide sind Studenten, die ihr Studium selbst finanzieren müssen. Wenn das Kind gesund ist und in den Kindergarten geht, schaffen sie es mit guter Organisation einigermaßen. Schwierig wird es jedoch, wenn das Kind krank ist. Dann muß einer zuhause bleiben. Um das in der Woche Versäumte nachzuholen, muß wenigstens einer am Wochenende zu Hause arbeiten, was in einer Zweizimmer-Wohnung mit Kleinkind so gut wie ausgeschlossen ist. „Ich bot ihnen für solche Wochenenden meine Wohnung an", erzählt die Hamburgerin. Nach einem Probe-Wochenende waren die beiden Studenten begeistert, wieviel sie schaffen können, wenn sie räumlich getrennt vom Kind in Ruhe arbeiten. Inzwischen haben sie die Wohnung für Wochenend-Einsätze gemietet – mal für ihn, mal für sie, während der andere beim Kind bleibt.

Eine andere Einnahmequelle kann eine nicht genutzte Wohnung werden, wenn man sie als Kulisse an Fernsehproduktionen vermietet. Das bringt viel Geld in kurzer Zeit, ist aber auch riskant. Wenn Kameraleute, Tatort-Kommissare und andere TV-Gestalten durchs eigene Schlafzimmer laufen und die Wohnung kameragerecht umgestalten müssen, kann es beim Aufräumen Probleme geben (siehe Loriots „Papa ante Portas"). Sicherlich solider geht es zu, wenn man ein Appartement über spezielle Agenturen (zum Beispiel für Häusertausch) tage- oder wochenweise an Touristen weitergibt. Hierbei birgt aber vor allem die Anonymität ein Risiko.

In fast allen Großstädten – vor allem in denen mit Universitäten – gibt es Mitwohnzentralen, die potentielle Untermieter und Vermieter vermitteln. Über diese Zentralen werden auch Miet-Verträge abgeschlossen, die beide Seiten absichern, was Zahlungen, Versicherungen, Termine, Kautionen und ähnliches betrifft. Der Untermieter zahlt die Vermittlungsgebühr an die Mitwohnzentrale.

Es ist allerdings nicht jedermanns Sache, die eigene Wohnung an Leute weiterzugeben, die man vielleicht gar nicht kennt. Und selbst wenn man sich kennt, sind Komplikationen nicht ausgeschlossen. „Ich lasse nie wieder jemanden in meine Wohnung, wenn ich weg bin", sagt eine Kölnerin, die ihre Wohnung während ihrer berufsbedingten Abwesenheit früher regelmäßig untervermietete – manchmal auch tageweise und immer nur an Bekannte. „Der Fehler war, daß ich den Untermieter gar nicht selbst kannte, sondern nur über Dritte vermittelt bekam. Er sei sehr zuverlässig, habe schon häufig in Zeitmietverhältnissen gelebt und kenne seine Pflichten und Rechte, hieß es. Ich habe ihm vertraut und ihm den Wohnungsschlüssel gegeben. Dann hat er wohl drei Wochen bei mir gewohnt, meine kleine Hausbar leergetrunken, alles schmutzig hinterlassen und keinen Pfennig bezahlt. Obwohl ich mehrmals versuchte habe, über seine Freunde an ihn heranzukommen, habe ich ihn nie wieder gesehen und mein Geld auch nicht."

Wer untervermieten will, sollte seine Wohnung so einrichten, daß persönliche Dinge sicher verwahrt bleiben. Eventuell kann man auch ein Zimmer abschließen, das der Untermieter nicht nutzen soll. Die beste Absicherung gegen Schäden, die der Untermieter anrichtet, ist ein Vertrag, in dem er sich im Falle eines Falles zur Ersatzbeschaffung verpflichtet. Manche Vermieter lassen sich die Miete im voraus zahlen oder verlangen eine Kaution für den Fall, daß es zu Zahlungsproblemen kommt.

Wenn es gelingt, einen passenden Untermieter zu finden, hat das nicht nur finanzielle Vorteile. Manche wissen es auch zu schätzen, wenn in ihrer Abwesenheit jemand da ist, dessen Anwesenheit vielleicht Einbrecher abschreckt, der die Blumen gießt, die Zeitung hereinholt und den Briefkasten leert.

2. Fahrgemeinschaften bilden

Ähnlich wie Mitwohnzentralen vermitteln auch Mitfahrzentralen zwei Menschen aneinander, von denen der eine sucht, was der andere hat. Wer selbst fährt, findet hier Mitfahrer, die sich an den Benzinkosten beteiligen und dem Fahrer während der Fahrt Gesellschaft leisten. Wer nicht selbst ans Steuer will, kann als Beifahrer bei anderen einsteigen. Die Vermittlungsgebühr zahlen die Mitfahrer.

Manchmal bilden Wochenend-Fahrer, die sich über eine Mitfahrzentrale kennengelernt haben, anschließend private Fahrgemeinschaften, weil sie festgestellt haben, daß sie häufig die gleiche Strecke oder Teilstrecke etwa zur gleichen Zeit zurücklegen müssen. Da ist es naheliegend, sich zusammenzuschließen, um Kosten zu sparen. Wenn alle Beteiligten ein Auto haben, wechseln sie sich in der Regel mit dem Fahren ab. „Ich habe auf diese Weise schon mehrere Leute über Mitfahrzentralen kennengelernt, die in der gleichen Situation sind wie ich", sagt seine Frau mit einer dreihundert Kilometer entfernten „Wochenend-Beziehung". „Das sind immer sehr nette Fahrten. Wenn man sich gut unterhalten kann, kommt einem die Strecke auch nicht so lang vor."

Ein Nachteil der Fahrgemeinschaft ist, daß man seine Start- und Ankunftszeiten nach den Beifahrern richten muß. Ein Fahrer dazu: „Wenn ich freitags im Büro mal zwei Stunden früher weg komme, kann ich nicht einfach losfahren und die gewonnene Zeit für uns nutzen. Ich muß warten, bis die anderen auch fertig sind. Wenn sich einer verspätet, hängen alle fest. Das ist manchmal sehr ärgerlich, weil alle unbedingt schnell zu ihren Partnern wollen."

Auch der Sonntags-Abschied muß pünktlich vonstatten gehen, wenn Mitfahrer am nächsten Autobahnrastplatz stehen und warten. „Wenn ich allein fahre, zögern wir den Abschied häufig noch hinaus. Wenn ich Leute mitnehme oder selbst woanders mitfahre, möchte ich die anderen nicht lange warten lassen", sagt der „Beziehungsfernfahrer".

Im Auto ergeben sich nicht immer interessante Gespräche, manchmal ist es auch ein Problem, mehrere Stunden mit fremden Menschen auf engstem Raum verbringen zu müssen. Eine Frau, die Stammkundin bei einer Mitfahrzentrale ist, berichtet von ihren Erfahrungen: „Ich habe wirklich schon alles erlebt. Tolle Begegnungen, interessante Leute auf der einen Seite und auf der anderen Seite Typen, von denen ich dachte, wie wirst du die bloß wieder los? Eine Frau stank, einer sprach überhaupt nicht, einer quatschte mich ununterbrochen voll, einer machte mich an – aber damit muß man leben, wenn man sich darauf einläßt." Angst, so versichert sie, habe sie aber nie gehabt, weil bei den Mitfahrzentralen die Adressen aller Beteiligten festgehalten werden.

Auch Bahnfahrer können sich zusammentun, um Kosten zu sparen. In der Gruppe sind viele Tarife günstiger – mit Mengenrabatt und übers Wochenende läßt sich sehr viel billiger reisen als allein zu Zeiten, in denen auch Geschäftsreisende unterwegs sind. Das neue „Schönes-Wochenende-Ticket" der Bundesbahn zum

Beispiel lockt Scharen von Reisenden in Bummelzüge, die sonst nicht ausgelastet sind. Hierbei ist Bedingung, daß man auf Nebenstrecken fährt, weder einen Intercity noch einen ICE benutzt. Wer bereit ist, im Halbstunden-Takt umzusteigen und lange unterwegs zu sein, kann mit einer ganzen Gruppe für ein paar Mark durchs Land reisen. Die Nachfrage war anfangs so groß, daß die Züge überfüllt waren und viele Passagiere entnervt aufgaben.

Da „Shuttles" unter Zeitdruck reisen, kommen Bummelzüge für sie meistens nicht in Frage. Alternativen sind zum Beispiel das Guten-Abend-Ticket (damit muß man von spät abends bis in die Nacht hinein reisen. Es hängt von der Strecke ab, ob man es in der vorgebenen Zeit schafft oder nicht.). Spar- oder Super-Sparpreise gelten jeweils übers Wochenende, Mitfahrer zahlen nur die Hälfte. Wer diese Rabatte aus Zeitgründen nicht in Anspruch nehmen kann, fährt derzeit am besten mit der BahnCard (einmal kaufen, und ein Jahr lang die Hälfte des normalen Preises zahlen).

Beim Fliegen gilt in der Regel: Je früher man bucht, desto günstiger sind die Tarife. Wer sich zwei Wochen im voraus festlegt, kann bei der Lufthansa zum Beispiel für weniger als dreihundert Mark von Hamburg nach München und zurück fliegen. Vielflieger können auch über Rabattsysteme (zum Beispiel „Miles & More") Freiflüge erhalten, wenn sie auf eine bestimmte Anzahl von Flugmeilen kommen.

„Shuttles", die auch beruflich viel unterwegs sind, versuchen häufig, ihre Dienstreisen so zu legen, daß sie sie gleich mit der Wochenend-Reise verbinden können. Eine Journalistin aus Hamburg, deren Freund Schauspieler in Zürich ist, berichtet: „Wenn ich beruflich in den Süden Deutschlands muß, lege ich den Hinflug möglichst ans Ende der Woche, den Rückflug buche ich für Montag. Wenn ich mit der Arbeit fertig bin, steige ich von dort aus in die Bahn und fahre nach Zürich. Montag morgen geht's dann mit der Bahn zurück bis zum Flughafen, wo ich angekommen bin. Da steige ich wieder in meinen Dienst-Flug. So habe ich Geld und Zeit gespart."

Wer von seinem Arbeitgeber versetzt wird oder eine neue Stelle an einem anderen Ort antritt, hat häufig die Möglichkeit, sich durch den Umzug bedingte Kosten vom Arbeitgeber ersetzen zu lassen. Nicht jede Firma bietet solche Leistungen von sich aus an, manche offerieren sie nur auf Nachfrage. Hier einige Beispiele aus einem internen Papier für Personalfachleute eines internationalen Konzernes, die Auskunft darüber geben, was ein „Shuttle" verlangen kann:

– Bei Neueinstellungen übernimmt die Firma Maklercourtagen bis 3000 Mark, maximal drei Monatsmieten, bei Versetzungen kann es bis 4500 Mark gehen.

– Umzugskosten sollten vertraglich geregelt werden. Als interner Richtwert gelten dabei sowohl für Neueinstellungen als auch für Versetzungen 1000 Mark pro 100 Kilometer Entfernung; nachgewiesene Kosten können auch höher liegen. Verheiratete können diesen Vorschriften zufolge maximal 1812 Mark „sonstige Umzugskosten" (plus 399 Mark für weitere im Haushalt lebende Personen) geltend machen, Ledige 906 Mark.

– Als „Trennungsentschädigung" stehen einem neueingestellten Verheirateten maximal sechs Monate lang jeweils 400 Mark zu, einem Ledigen 240. Eine Versetzung wird in den ersten drei Monaten wie eine Dienstreise verrechnet: Mit 46 Mark pro Tag.

– Verheiratete dürfen ihrem Arbeitgeber zwei Heimfahrten im Monat in Rechnung stellen (Bahnfahrt zweiter Klasse oder 70 Pfennig pro Kilometer gegen Beleg); Ledige haben eine Wochenendheimfahrt im Monat frei. Die Heimfahrten werden nicht länger als ein Jahr bezahlt.

– Die Kosten für ein Hotel oder Zimmer müssen die Mitarbeiter in diesem Unternehmen bis 600 Mark monatlich selbst tragen – maximal sechs Monate lang. Nur bei sehr teuren Wohnungen können sie eine Kostenbeteiligung beantragen.

3. Kapitel
Bytes & Bettgeflüster – Was bringt Multimedia?

Mary aus Manhattan und Robert aus Los Angeles haben etwas Pech, was ihre Liebe angeht. Zwischen ihnen liegt ein Kontinent. Doch zum Glück sind die beiden Computer-Freaks und deshalb nicht einsam. Die schöne neue Technik bringt sie zusammen, wann immer sie wollen. Mary joggt nach Büroschluß noch ein bißchen durch den Park. Sie hat Roberts Tagesablauf – der Zeitverschiebung entsprechend – im Kopf. Zuhause in ihrem Single-Appartement macht sie es sich gemütlich. Sie duscht und denkt an Robert. Die beiden haben heute ein virtuelles Date. Sie wollen sich zum Cybersex treffen. Mary legt sich ihren aufwendigen Cybersex-Anzug an, eine Art Ganz-Körper-Geschirr mit winzigen elektronisch steuerbaren Sensoren, die den Körper stimulieren. Auch Robert bereitet sich auf das Date vor, steigt in seine „Kluft" und klickt sich per Tastendruck in den virtuellen Raum, in dem Mary bereits auf ihn wartet. Berührungen werden über ein Netz aus Glasfaserkabeln zum fernen Partner „transportiert"; jeder kann an seinem Gerät „fernsteuern", was der andere empfinden soll – das Ziel ist der Höhepunkt für beide – garantiert ohne Schwangerschaftsrisiko.

Ein Beispiel für Very-Long-Distance-Love im Jahr 2015. Die Journalistin Lisa Palac aus San Francisco und der Computer-Spezialist Mike Saenz aus Chicago glauben, daß es in etwa zwanzig Jahren möglich sein wird, daß sich zwei real existierende Menschen, die sich in verschiedenen Städten aufhalten, zum Cybersex in einer virtuellen Realität treffen. Ist das die Zukunft für Long-Distance-Lover? Wird eines Tages eine Maschine Menschen die Illusion von Nähe verschaffen, wo echte Nähe nicht zustandekommen kann? Noch erscheint es uns wie Science fiction, doch die rasante Entwicklung der Computer-Technologie geht in diese Richtung. Die Technik sprengt die Grenzen der Realität. Schon wird daran gearbeitet, Hollywood-Stars per Software „nachzuempfinden", so daß jeder sie sich auf Diskette ins Haus holen kann. Wird man eines Tages ins Computerstudio gehen wie heute zum Fotografen, um sich selbst für den Liebsten in der Ferne in ein Programm bannen zu lassen, das er dann auf seinem Bildschirm in Gang setzt?

Bisher ist das Zukunftsmusik. Doch weltweite Kommunikationsmöglichkeiten werden stets verbessert, Entfernungen auf immer neuen Wegen immer schneller überbrückt. Schon heute haben getrennt lebende Paare, die „online" gehen können, Möglichkeiten zur Kommunikation, von denen Briefeschreiber und Telefonbenutzer ausgeschlossen sind. Ob das das Pendler-Dasein erleichtert oder ob es eher eine technische Spielerei ist, sei dahingestellt. „Liebe online" ist jedenfalls kein Science-fiction-Titel, sondern kann bereits Realität sein – zumindest wenn zwei Computer-Freaks zusammenkommen.

Damit ein Paar weltweit per Computer miteinander kommunizieren kann, brauchen beide einen Zugang an ein öffentlich zugängliches Netz – zum Beispiel an Internet, T-Online, AOL oder CompuServe.

Jeder hat eine E-Mail-Adresse, an die der andere seine „love messages" sendet. Der Empfänger findet diese Liebesgrüße vor, sobald er ans Netz geht. Er kann darauf antworten und die Antwort dem anderen schicken. Vorbei die Zeit, da der Postbote die Grüße vom Liebsten brachte.

Noch schneller geht's beim sogenannten Live Chat: Sind beide gleichzeitig online, können sie sich in einem Forum, auch ‚Konferenzraum' oder ‚Café' genannt, treffen. Der Vorteil: Die Tastatureingaben von ihm tauchen simultan bei ihr auf dem Monitor auf. Der Nachteil: Auf den Bildschirmen Hunderter anderer Forums-Besucher tauchen sie ebenfalls auf.

Will man ungestört sein, vermeidet man die einschlägigen Online-Treffs und trifft sich am besten in fachspezifischen, deutschsprachigen Foren, die zu später Stunde höchstwahrscheinlich unbesucht sind. Fast wie in Wirklichkeit: Wer seinen Schatz gefunden hat, braucht nicht mehr zum Szenetreff. Garantiert ist die ungestörte Zweisamkeit allerdings auch nicht.

Speziell für Treffen zu zweit gibt es in einigen „Chatrooms" die Möglichkeit, sich in sogenannte Séparées zurückzuziehen. Beim Tête-à-tête werden Bits und Bytes gewechselt. Geheimnisse sollte man hier trotzdem nicht verraten. Gerade im Internet gibt es bisher keine Möglichkeit, „Lauscher" auszuschließen. Und irgendjemand ist fast immer online – im Reich des World-Wide-Web geht die Sonne nicht mehr unter.

Da Liebesgesgeflüster vor Publikum nicht jedermanns Sache ist, dienen die Online-Medien eher zum Austausch von Sachinformationen. Wer sie nicht noch für andere Dinge nutzen will, ist mit einem Faxgerät fast genauso gut bedient. Denn das ist billiger und sicherer vor Neugierigen. Vor allem Paare, die in verschiedenen Ländern leben, wissen es zu schätzen, wenn sie nicht den langen Postweg abwarten und die hohen Telefonkosten für die Ferngespräche tragen müssen, um dem Partner schnell etwas mitzuteilen oder spontane Liebesgrüße loszuwerden. „Ich sende ihm regelmäßig Liebesfaxe", verriet die „Heute-Journal"-Sprecherin Nina Ruge, die ihren Freund nur am Wochenende sehen kann, in der „Bunten".

Ein Pendler-Paar kam auf eine ungewöhnliche Idee, um sich öfters sehen zu können als einmal in der Woche: Sie ist freie Grafikerin und arbeitet zu Hause. Von dort aus ist sie mit ihrem Hauptarbeitgeber über ein Videokonferenz-System verbunden. Ihr Lebensgefährte, Fachmann für Telekommunikation, kommuniziert aus der Zentrale seiner Firma regelmäßig mit einer Niederlassung ebenfalls über Video. Um sich zu sehen, verabredeten sie sich nach Büroschluß zu einer privaten Videokonferenz. Sie rief ihn an, so daß die Kosten über ihr privates Konto liefen. Zuerst mußten die beiden lernen, daß der Partner nicht live, sondern quasi über Standbilder „gesendet" wird, daß kurze, schnelle Bewegungen möglicherweise nicht ankommen. „Um ein Küßchen zu übertragen, muß man die Lippen schon lange halten“, berichtet die Grafikerin. Nachdem sie die Tücken der Technik herausgefunden und beseitigt hatten, klappte es ganz gut. Doch als am Monatsende die erste Telefonrechnung kam, hörten sie schnell wieder damit auf. Da bei Videokonferenzen über zwei Kanäle übertragen wird, zahlt der Kunde die doppelten Gebühren. „Auf die Dauer war uns das zu teuer“, sagt er. Und auch der Reiz des Neuen hatte sich relativ schnell wieder gelegt. „Das ist zwar ganz lustig, aber auch unromantisch – mit Mikro und Kopfhörern kommt man sich doch immer etwas komisch vor.“

Wenn eine Maschine zwischen zwei Menschen geschaltet wird, die sich lieben, treten häufig Kommunikationsprobleme auf, weil es sehr schwer ist, durch Kabel hindurch Nähe entstehen zu lassen. Eine Betroffene: „Wir haben schon beim normalen Telefonieren unsere Probleme. Mein Freund ist ein Mensch, der wirkliche Nähe nur zulassen kann, wenn wir ganz dicht zusammen sind. Am Telefon kann er so unromantisch sein, daß es fast unglaublich ist. Für ihn ist es dabei schon das höchste der Gefühle, mir eine gute Nacht zu wünschen. Ich habe ihn auch mal gefragt, was er sich eigentlich vergibt, wenn er mir vielleicht mal eine schöne Liebeserklärung durch den Hörer schicken würde – so, wie er es auch tut, wenn wir uns treffen. Doch er sagte, er könne das nicht. Er habe Angst, gleich loszuheulen, er wolle am Telefon keine Gefühlsduselei, weil ja niemand da sei, der ihn dann tröstet. Ein bißchen kann ich das sogar verstehen. Manchmal geht es mir auch so. Es ist einfach schwer, an einem Apparat wie dem Telefon die für Liebesgeflüster nötige Nähe aufzubauen, wenn der andere so weit weg ist. Ich habe inzwischen meine Ansprüche an ihn etwas heruntergeschraubt. Ich erwarte am Telefon einfach nicht mehr soviel. Wir nutzen es hauptsächlich, um Informationen auszutauschen. Was machst du heute? Wie war der Tag? Was gibt es Neues? Wieviel Nächte noch bis zum nächsten Treffen? Ich glaube, daß auch die tollsten technischen Erfindungen die echte Nähe niemals ersetzen können."

4. Kapitel
Crash-Kurs – Was man tun, was man lassen sollte

Wie in einem großen Teil dieses Buches bisher deutlich wurde, hängt es vor allem von der Einstellung beider Partner ab, ob die Fernbeziehung klappt oder nicht. Was für den einen Einsamkeit ist, kann für den anderen Freiheit bedeuten. Einer empfindet die Abwesenheit des Partner als Last, der andere weiß sie zu schätzen, weil das Zusammenkommen danach umso lustvoller ist. Die einen genießen ihre Selbständigkeit, die anderen würden sie am liebsten von heute auf morgen aufgeben, wenn sie nur könnten. Es gibt nicht *die* Fernbeziehung, weil es nicht *die* Menschen gibt. Es kommt darauf an, was jedes Paar individuell daraus macht. Dennoch, so zeigt die Summe der Erfahrungen zahlreicher Betroffener, gibt es ein paar Regeln, die das Leben und die Liebe auf Distanz erleichtern. Hier die wichtigsten, die in Zusammenarbeit mit der Diplom-Psychologin Ute Sierau (siehe auch S. 117ff.) erarbeitet wurden:

Das Wochenende gehört uns ganz allein. Gerade am Anfang einer Fernbeziehung, wenn beide Partner noch keine Pendel-Erfahrung haben, machen viele den Fehler, sich ihre gemeinsamen Wochenenden mit

Terminen vollzustopfen. „Wir wollen nicht auch noch den alten Freundeskreis verlieren", „Einmal im Monat bin ich immer zu Mutti gefahren", „Am Wochenende will ich meine Freunde nicht im Stich lassen", „Mein Partner soll in meinen Bekanntenkreis integriert werden" – das sind einige von vielen Argumenten, die angeführt werden, wenn es um die Frage geht: Muß das denn auch noch sein? Es muß meistens nicht. Wenn einmal ihre Eltern, beim nächsten Mal seine dran sind, einmal ihre Freunde mitkommen und dann seine eingeladen werden, hat das Paar überhaupt keine Zeit mehr für sich selbst. Irgendeiner muß immer „versetzt" werden. Also, auch wenn es weh tut: Die Partnerschaft ist wichtiger. „Seit wir uns von diesen ganzen Verpflichtungen befreit haben, geht's uns besser", sagt eine Pendlerin. „Die meisten haben Verständnis, wenn man ihnen die Zeitnot erklärt. Und es muß ja nicht für immer sein."

Sich als einzelner nicht isolieren. Auch wenn der Partner in der Ferne der Traumkandidat für alle erdenklichen Lebenssituationen ist, kann er niemals den Freundeskreis ersetzen. Um im Alltag nicht nur sehnsüchtig Trübsal zu blasen, braucht man Freunde und Bekannte, mit denen man unabhängig von ihm etwas unternehmen kann. Sonst wird das Warten aufs Wochenende noch schwieriger, die Fixierung auf den fernen Partner gefährlich. Viele Paare, die nicht getrennt leben, geben ihren Freundeskreis auf, sobald sie den Partner fürs Leben gefunden haben, weil sie merken, daß er da nicht richtig hineinpaßt. Sie verlieren damit einen wichtigen Teil ihres Lebens. Long-Distance-Liebende haben die einmalige Chance, über einen eigenständigen Freundeskreis zu verfügen, auch wenn sie die große Liebe gefunden haben.

Sich zum Telefonieren verabreden. Auf den ersten Blick klingt das albern. Wieso verabreden? Wir können doch jederzeit miteinander reden, denken viele. Doch so einfach ist es meistens nicht. „Wenn er unterwegs war und noch nicht angerufen hatte, habe ich mich manchmal den ganzen Abend nicht ans Telefon getraut. Ich wollte die Leitung freihalten, damit er nicht sauer ist, wenn ich lange mit meiner Freundin quatsche und er nicht durchkommt. Wenn bei ihm dann etwas dazwischenkam und er gar nicht anrufen konnte, war ich am Ende enttäuscht. Ich hatte mit niemandem gesprochen und viel Zeit mit sinnlosem Warten verplempert." Probleme entstehen auch, wenn einer gerade in Plauderlaune ist und es beim anderen überhaupt nicht paßt. Da kommt es häufig zu Abfuhren oder Mißverständnissen, die man vermeiden kann, wenn beide sich für einen festen Zeitpunkt zum Telefonieren verabreden.

Sich beim Fahren abwechseln. Es ist nicht nur gerechter und nervenschonender, wenn jeder mal fahren muß. Auch für das Lebensgefühl ist es wichtig, nicht immer nur weg zu müssen. Es ist viel leichter, in einer fremden Umgebung Heimatgefühle zu entwickeln, wenn man regelmäßig Besuch empfängt. Im Idealfall haben beide Partner das Gefühl, an zwei Wohnsitzen zu Hause zu sein. Dieses Gefühl ist gerade für Pendler nicht zu unterschätzen, die sich ohnehin oft für „heimatlos" halten.

Sich nicht in den Haushalt des anderen einmischen. Es sind vor allem die Frauen, die meinen, ihren Männern oder Freunden in der Küche helfen zu müssen. „Ich dachte, er freut sich, wenn ich ihm den Abwasch mache, zu dem er die ganze Woche nicht gekommen ist", sagt eine Frau. „Doch er wurde beim ersten Mal richtig sauer. Es sei seine Wohnung, und da könne er machen, was er wolle, sagte er. Außerdem brauche er keine Haushälterin. Ich war richtig erschrocken." In der Tat fühlen sich viele Männer von eifrig putzenden Frauen gestört. „Das geht mir schon bei meiner Mutter auf den Geist, wenn sie bei mir ankommt und erst einmal putzt. Ich bin doch erwachsen und kann selbst entscheiden, wann was weggemacht wird. Mit meiner Freundin will ich schönere Dinge tun", sagt ein Student. Einer der großen Pluspunkte der Fernbeziehung ist schließlich die Tatsache, daß man sich ums Abwaschen und Aufräumen nicht streiten muß. Also: Nehmen, wie es ist, und still genießen.

Anfangs nicht schon ans Ende denken. Der Freitag abend ist nur noch der lächerliche Rest eines langen Tages, der Samstag vergeht wie im Flug, ohne daß man es so richtig merkt, dann ist schon wieder Sonntag, und es heißt: Abschied nehmen. Die Stimmung ist auf dem Nullpunkt angelangt. „Eigentlich hatten wir überhaupt nichts davon", meinen Paare häufig im nachhinein, auch wenn sie zwei Tage lang rund um die Uhr zusammen waren. Wer von Anfang an nur ans Ende denkt, hat tatsächlich das subjektive Gefühl, die Zeit laufe sinnlos an ihm vorbei. Deshalb gilt es, jede Stunde zu genießen und die Gedanken ans Abschiednehmen zumindest Freitag und Samstag zu verdrängen. Versuchen Sie, die Zeit zu zweit unbeschwert zu genießen.

Sich Perspektiven schaffen. „Wenn ich wüßte, daß es bald zu Ende ist, würde ich es besser aushalten." Das ist ein Satz, den viele Pendler bestätigen können. Denn häufig leiden sie unter der fehlenden Perspektive viel mehr als unter der aktuellen Trennung. Wenn es geht, sollten Paare deshalb festlegen, wie lange sie sich trennen wollen. Wenn die Berufe beider Partner das nicht zulassen, bleibt immer noch die Möglichkeit, über Alternativen nachzudenken: Kann oder will einer aufhören zu arbeiten? Könnte er etwas anderes tun? Oder wollen wir die Frist verlängern? Manchmal ist auch ein langer gemeinsamer Urlaub eine Perspektive, die – zumindest eine Zeitlang – ausreicht oder nur die Funktion hat, die Sehnsucht zu stillen. „Ich lebe immer richtig darauf hin, daß wir im Sommer vier Wochen ununterbrochen zusammen sind", berichtet eine Frau. „Am Anfang ist es auch immer toll, doch schon in der zweiten Woche fangen wir an, uns langsam auf die Nerven zu gehen. Jeder hat so seine Macken. Am Ende sind wir beide froh, daß jeder erst einmal wieder in seine eigene Wohnung kann. Wir merken in dieser Zeit deutlich, daß es wohl gar nicht so gut gehen würde, wenn wir zusammenleben. Das ist in diesem Fall beruhigend und erleichtert das Alleinsein."

Sich Gleichgesinnte suchen. Wer aus beruflichen Gründen nicht nur seinen Partner, sondern auch seinen Freundes- und Bekanntenkreis verlassen muß, hat – vor allem wenn er aus dem Studentenalter heraus ist – in der Ferne häufig Schwierigkeiten, neue Freunde zu finden. „In meinem Alter sind fast alle verheiratet, haben Mann oder Familie", sagt eine 40jährige Frau. „Da ist es schwierig, jemanden kennenzulernen, der Lust und Zeit hat, abends auszugehen oder sich einfach mal zu treffen." Geeignete Kandidaten dafür wären zum Beispiel andere Frauen, die in der gleichen Situation sind. Hören Sie sich um – am Arbeitsplatz oder in der Nachbarschaft. Manchmal ergeben sich Bekanntschaften auch über Fahrgemeinschaften oder Mitfahrzentralen. Eine andere Lösung: Viele ziehen erst einmal in eine Wohngemeinschaft, um im Alltag nicht allein zu sein.

Die Zeit allein für sich nutzen. Aus Rücksicht auf den Partner stellen zahlreiche Männer und Frauen ihre eigenen Interessen zurück, wenn der andere da ist. Sie hören nicht mehr die Musik, die sie mögen, sehen sich Filme an, die sie allein nie gucken würden, nur um dem anderen dabei Gesellschaft zu leisten. Sie verzichten auf längere Telefonate und kochen Essen, das sie selbst nicht sonderlich mögen. In der gemeinsamen Zeit ist eine solche Rücksicht durchaus angebracht. Im Gegensatz zu zusammenlebenden Paaren haben Pendler-Paare aber die Möglichkeit, in der Zeit, in der sie allein sind, zu tun und zu lassen, was sie wollen. Diese Chance sollten sie nutzen – vor allem sollten sie sich das auch immmer wieder als Chance bewußt machen und nicht als Selbstverständlichkeit nehmen. Wenn das gelingt, erleichtert es die Trennung.

Mit ganzer Kraft Karriere machen. Wenn die Kollegen abends nach Hause hetzen, weil Kinder und Partner dort warten, haben die „Shuttles" von montags bis donnerstags noch viel Zeit. Nutzen Sie sie für Überstunden, Fortbildungen oder zeitaufwendige Arbeiten, die Sie weiterbringen. Später haben Sie diese Möglichkeiten vielleicht nicht mehr und werden es bereuen – nach dem Motto: Hätte ich das doch damals mehr genutzt. Ein Paar nahm die Zwangs-Trennung (er mußte ein Jahr ins Ausland) zum Anlaß, sich einen lange gehegten Wunsch zu erfüllen: Während er in Brüssel seine Doktorarbeit schrieb („In meinem langweiligen Hotelzimmer hatte ich nur meinen Computer und meine Promotionsunterlagen – sonst nichts, was mich ablenken könnte"), fing sie in Bremen ein Fernstudium an („Wenn er dagewesen wäre, hätte ich abends sicherlich etwas Besseres zu tun gehabt als mich durch Fachbücher hindurchzuarbeiten. So aber habe ich es geschafft"). Hinterher waren beide froh über die Trennung und sicher, daß sie es noch einmal machen würden, wenn sie in eine ähnliche Situation kämen.

Die Reisezeit sinnvoll nutzen. Für die meisten Fernfahrer aus Liebe ist Reisezeit verlorene Zeit. Das muß nicht sein. Nehmen Sie die Bahn (auch wenn es länger dauert als mit dem Auto), und erledigen Sie unterwegs Dinge, zu denen Sie sonst selten kommen. Bei der Ankunft haben Sie das gute Gefühl, etwas Sinnvolles geschafft zu haben.

Jedes Treffen ist ein Fest. Während es für zusammenlebende Paare selbstverständlich ist, daß sie jeden Abend zusammenkommen, hat ein Treffen für „Shuttles" Seltenheitswert. Viele inszenieren es feierlich – mit emotionaler und organisatorischer Vorbereitung. „Ob ich ein Wochenende vorbereite, an dem er kommt, oder ob ich auf Reisen gehe – beides schafft so einer besondere Stimmung, eine Atmosphäre der Vorfreude, die mich über den normalen Alltag erhebt. Ein bißchen wie vorm Urlaub oder vor Weihnachten", berichtet eine „Shuttle"-Frau, die sich zweimal im Monat mit ihrem Freund trifft – mal bei ihm, mal bei ihr. „Wenn wir öfters zusammen wären, könnten wir es sicherlich nicht durchhalten, jedes Mal ein Wiedersehens-Fest zu feiern. Aber so ist es wunderschön."

No weekend is perfect. Ohne nahezu perfekte Planung können „Shuttles" ihr Leben nicht schaffen. Sie sind darauf angewiesen, mit Terminkalender wochenlang im voraus zu organisieren, wer wann wo sein soll, damit das Treffen klappt. Ein kleiner Fehler kann große Folgen haben: Fällt ein Date wegen Fehlplanung aus, gibt es keinen Ersatz. So steht jeder Termin unter Erfolgsdruck: Organisatorisch und emotional – nach dem Motto: Wenn wir schon so lange soviel organisatorischen Aufwand betreiben, um zusammenzukommen, dann muß es auch perfekt klappen. Die Stimmung muß ohne Unterbrechung fröhlich sein, und wenn wir nicht in Dauer-Euphorie verharren, hat sich alles nicht gelohnt. Beziehungs-Perfektionisten erlauben sich keine emotionalen „Durchhänger", keinen Streit, keine Trauer, keine schlechte Stimmung, weil sie das als Mißerfolg werten. Das führt schließlich dazu, daß alles Negative verdrängt oder unterdrückt wird, daß sich zwei Menschen gegenübersitzen, die nicht sie selbst sind, sondern Schauspieler, die möglichst perfekt den „Sonnenschein" mimen. Dieses „künstliche Glück" steigert die Glücks-Ansprüche. Beim nächsten Mal muß es mindestens genau so schön werden, wenn nicht sogar noch schöner. Das hält auf die Dauer keiner aus, weil die „Verstellung" zuviel Energie kostet, zu anstrengend und zu unehrlich ist. „Shuttles" sollten sich klar machen, daß auch Streit und Unstimmigkeiten zu einer guten Beziehung gehören, daß sie keineswegs Zeitverschwendung sind, sondern sehr wichtig für beide Partner. Versuchen Sie sich von Ihrem Perfektions-Anspruch zu lösen. Kein Wochenende muß perfekt verlaufen.

Die totale Kontrolle gibt es nicht. „Warum geht er den ganzen Abend nicht ans Telefon?" – „Auf dem Foto von der Betriebsfeier trägt sie einen Minirock. Das tut sie sonst nie. Was ist los?" – „Früher hat er zum Jahrestag unseres Kennenlernens immer Blumen geschickt. Weshalb kam diesmal nichts?" – „Warum war sie am Telefon nicht so unbeschwert wie sonst? Saß da vielleicht jemand neben ihr?" – Eifersüchtige „Shuttles" wittern überall Anlässe, sich Sorgen zu machen. Aus der Ferne können sie den Partner nur sehr bruchstückhaft „überwachen". Eine Tatsache, die viele mißtrauisch macht. Manche versuchen sogar, dem anderen Fallen zu stellen, um seine Ehrlichkeit zu testen. Vergessen Sie es. Wenn der andere seine Freiheit für Flirts nutzt, sei es ihm gegönnt. Wenn mehr daraus wird, kann auch ein Test-Anruf nachts um zwei Uhr das nicht verhindern. Selbst Partner, die immer zusammenleben, finden Wege, um Seitensprünge zu begehen, wenn sie nur wollen. Man kann niemanden einsperren.

Die Kosten teilen. Auf wessen Rechnung laufen die langen Telefon-Gespräche? Wer zahlt das Benzin? Wer den Lebensunterhalt, wenn beide zusammen sind? Die meisten Paare, die in einer Fernbeziehung leben, führen getrennte Kassen. Jeder hat seine Wohnung, sein Einkommen und seine Ausgaben. Damit die „Beziehungskosten" gerecht verteilt werden, haben die meisten Paare ihre eigenen Modelle gefunden. Ein Beispiel: „Wir machen es immer so, daß der, der fährt, seine Reise allein bezahlt, und der andere dafür alle Lebenshaltungskosten am Wochenende trägt. Unsere Telefonrechnungen lassen wir uns genau aufschlüsseln. So kann jeder die Hälfte der gemeinsamen Kosten zahlen. Wenn wir es nicht schaffen, abwechselnd zu fahren, gibt der, der weniger unterwegs ist, dem anderen Geld in der entsprechenden Höhe. Zuerst fanden wir das komisch, beim anderen Fahrten abzurechnen wie im Büro. Doch nachdem wir uns darüber geeinigt hatten, war es kein Problem mehr."

Alleinsein lernen. „Ich bin allein" – Dieser Satz muß für „Shuttles" kein Grund zur Trauer sein. Da ihr Single-Schicksal zeitlich begrenzt ist, haben sie gute Chancen, die Kunst des genußvollen Alleinseins zu lernen. Das kann ein wertvoller Selbsterfahrungs-Trip werden, ein Schub für die Persönlichkeitsentwicklung – wenn es gelingt. „Wer die Köstlichkeit des Alleinseins geschmeckt hat, ist nicht mehr instrumentalisierbar: Macht ist ihm egal, Geld nur eine Möglichkeit und nicht als Selbstzweck wichtig", schreibt die Schriftstellerin Eva Demski in einem Plädoyer fürs Alleinleben („Vive la Solitude! Oder: Wie sich Singles vermehren", Die Woche vom 28. 6. 1996).

Gemeinsam einen längeren Urlaub machen. „Wir reisen doch genug. Warum müssen wir da noch wegfahren?" – „Ich bin ohnehin so selten zuhause" – „Wir finden einfach keinen Termin, an dem wir mal zusammen loskönnten" – „Ferien? Meine Urlaubstage gehen zum großen Teil fürs Hin- und Herfahren drauf" – Viele Paare mit Wochenend-Beziehungen gönnen sich aus verschiedenen Gründen keinen längeren Urlaub mit dem Partner, wie diese Aussagen belegen. Damit entgeht ihnen nicht nur die häufig dringend notwendige Erholung (für viele zählen Reise- und Besuchswochenenden nämlich nicht als Erholung), sondern auch die Chance, einmal den gemeinsamen Alltag zu proben. „In eine Art Alltagsrhythmus kommen wir frühestens nach acht Tagen", berichtet eine Frau, „um wirklich einmal – unabhängig von äußeren Zwängen – zusammen zu sein, sollte man mindestens zwei Wochen unterwegs sein."

Auch in der wertvollen Zeit über Banales reden. Daß manche Paare häufig das Gefühl der Entfremdung haben und glauben, sie hätten sich nichts mehr zu sagen, kann ein Trugschluß sein, der aus einem zu hohen Anspruch entsteht. „Wenn wir lange nichts voneinander gehört haben und dann endlich zusammen sind oder telefonieren, fehlen uns manchmal die Worte", berichtet eine Frau. Sie und ihr Partner haben dann Hemmungen, über banale Alltagsdinge zu reden, schaffen es in der „Anlaufphase" aber auch nicht, gleich zu den wichtigen Dingen zu kommen. Das führt zur inneren Blockade. Also keine Angst: Erzählen Sie Ihrem Partner ruhig Alltägliches. Das löst die Zunge, schafft Nähe, die dann auch den Übergang zum „Wichtigen" ermöglicht.

Endlich zusammen – Sicherheitsabstand wahren. Wenn der langersehnte Traum vom Zusammenziehen sich endlich erfüllt, wollen manche Paare von „Null auf Hundert". Sie geben alles auf, was ihnen vorher wichtig war, wollen plötzlich alle Bereiche mit dem Partner teilen und stellen schon nach kurzer Zeit ernüchtert fest, daß es „reichlich eng" wird, wie es eine

Betroffene formuliert. Dem kann man vorbeugen: Schaffen Sie sich auch in einer gemeinsamen Wohnung eigene Bereiche, vielleicht sogar getrennte Betten, zumindest getrennte Zimmer, wenn es möglich ist. So kann man Enttäuschungen verhindern, die durch zuviel Nähe entstehen. Eine Frau, die früher viele Jahre in einer Fernbeziehung gelebt hat, legt auch heute noch (sie hat inzwischen eine Familie mit zwei Kindern) großen Wert darauf, daß sie ihr eigenes Zimmer hat. „Diesen Anspruch habe ich mir aus der Zeit des Alleinseins bewahrt. Sonst würde unser Familienleben wohl nicht so gut funktionieren."

Anmerkungen

[1] Vgl. „Potential verschenkt“, in: Wirtschaftswoche vom 18.5.1995.

[2] Vgl. Lang-Obi, V.: Kinderbüro und Familienservice, in: Habisch, A.: Familienorientierte Unternehmensstrategie, München, 1995, S. 125–134.

[3] Vgl. u.a. Silberstein, L. R.: Dual-Career Marriage. A system in transition, Hillsdale, New Jersey, 1992; Pepitone-Rockwell, F.: Dual-Career Couples. Beverly Hills, London, 1980; Sekaran, U.: Dual-Career Families. San Fancisco, London, 1986.

Literaturverzeichnis

Almeida, Gabriela: „Zukunft Cybersex", in: Petra, 5/94

Döhring, Frauke: „... und amüsier dich schön, Liebling", in: Elle, 4/96

Kleis, Constanze: „Geliebt wird nur am Wochenende – Shuttlebeziehungen: Notprogramme der Karriere wegen oder neue Beziehungsperspektiven?" in: Elle, 1/95

Lewis, Suzan und Cooper, Cary L. „Karriere-Paare – Mehr Zeit für uns", Rowohlt

Reininger, Susanne: „Jede Woche Angst vor dem Sonntagnachmittag – Die berufsbedingte Wochenendpartnerschaft hat Vor- und Nachteile", in: Frankfurter Rundschau, 8.7.1995

Schmidt, Barbara: „Leidenschaft lebendig halten oder wie Sie Erotik mit Ihrem Partner immer wieder neu erleben und genießen", Mosaik Verlag

Schmitz-Köster, Dorothee: „Liebe auf Distanz – Getrennt zusammen leben", Rowohlt

Schmitz-Köster, Dorothee: „Liebe nur am Wochenende", Psychologie heute, 1/91

Schober, Siegfried: „Wenn der Liebe die Luft ausgeht", in: Stern, 11.3.93

Weigert, Vivien: „Ohne Sehnsucht können wir nicht leben", in: Eltern 2/87

„Wochenend-Ehe – die Treue ist oft ein Problem", Münchener Abendzeitung, 22.8.1995